U0839952

圣-桑传

［法］夏尔・卡米尔・圣-桑 著
郭典典 马洁 译 刘斌 校译

Musical
Memories

中国出版集团 研究出版社

图书在版编目（CIP）数据

圣－桑传 /（法）夏尔·卡米尔·圣－桑著；郭典典，马洁译．—北京：研究出版社，2016.11
ISBN 978-7-80168-982-5

Ⅰ. ①圣… Ⅱ. ①夏… ②郭… ③马… Ⅲ. ①圣－桑(Saint-Saens, Charles Camille 1835-1921)—传记
Ⅳ. ① K835.655.76

中国版本图书馆 CIP 数据核字（2016）第 205588 号

圣－桑传

作　　者　［法］夏尔·卡米尔·圣－桑 著
译　　者　郭典典 马洁 译　刘斌 校译
责任编辑　刘姝宏
出版发行　研究出版社
地　　址　北京市东城区沙滩北街 2 号中研楼
邮政编码　100009
电　　话　010-64257481（总编室）010-64267325（发行部）
网　　址　www.yanjiuchubanshe.com
电子信箱　yjcbsfxb@126.com
印　　刷　三河市宏盛印务有限公司
开　　本　890mm×1240mm　1/32
印　　张　8.25
版　　次　2017 年 1 月第 1 版　2017 年 1 月第 1 次印刷
书　　号　ISBN 978-7-80168-982-5
定　　价　35.00 元

译者序 1

Preface Ⅰ

提到圣－桑，首先浮现于人们脑海的大概是那首家喻户晓的《天鹅》——大提琴音色优雅深沉，洁白的天鹅笼罩着圣洁的光芒，时而微展双翅，时而颔首梳理羽毛；月色皎洁，水波荡漾……安宁祥和的气氛使人的内心也缓和下来。再或者，有人会想到专辑封面上音乐家的肖像——浓密的银色胡须，深邃的眼神，俨然一副严肃老者的形象。

事实上，圣－桑并非遥不可及。翻开这本《圣－桑传》，呈现在读者面前的，不仅是一位音乐家对同时代古典音乐的思考、评论，更是一个有血有肉有性情的圣－桑。

圣－桑很直爽，对他不认可的音乐家尽情戏谑嘲讽，对他首肯的后起之辈绝不吝惜赞美之词。圣－桑很坦诚，愿意分享自己的人生经历，毫不掩饰地将个人情感呈现在读者面前。圣－桑很幽默，即使是讽刺也巧妙机智，令人捧腹又不致唐突。当然，圣－桑还有些自恋，他对自己幼年便显露出的才华十分得意，也毫不避讳以天才自居——不过，以他的音乐造诣，这样的自我评价似乎也不为过。

所有这些，刻画出一个真实的圣－桑，率性之中带着几分可爱。了解了这样的作曲家后，再去回顾他的音乐，或许会有不同的感受。《动物狂欢节》实则是圣－桑的调侃之作：《乌龟》一段借用奥芬巴赫《地狱中的奥菲斯》序曲的主题，原本欢腾的康康舞节奏放缓，变成了乌龟沉重笨拙的脚步；《钢琴家》中几段毫无音乐可言的音阶是每一位钢琴学习者的必修课，周而复始，枯燥乏味，“钢琴家”这种特殊的动物在乐段最终也难免表现出烦躁的情绪来。相比之下，《天鹅》似乎是作品中少有的“正经”片段之一。这大概也是圣－桑生前只将这一乐段公之于众的原因吧。

诚然，对于研究古典音乐的人而言，《圣－桑传》是了解19世纪欧洲尤其是法国古典音乐状况的窗口——书中对作曲流派、乐队编制和古典音乐管理都有详细的论述。而对于更多的读者而言，这本书记录了一位生活在一百多年前的法国人的生活与思考。

就请翻开这本圣－桑的《圣－桑传》，走进圣－桑的音乐世界，走近一个有性情、有个性的圣－桑。

郭典典

2014 年 12 月

变化与永恒

1

这是我第四次来到罗马的美第奇别墅。这一次终于可以进去参观了。

在一般游客的罗马行程计划里，美第奇别墅很少会占据一席之地。尽管它门前的路连接着永远人头攒动的西班牙广场和人民广场，但走这条路需要爬上一段不短的台阶，无法同地面上令人目眩的名店街相比，别墅临街主楼的外立面朴素得如同普通民宅，又没有显眼的大标牌，再加上不是紧闭着就是半掩着的高大铁门，若不是特意寻访，是很难注意到这是一个具有重要文化意义的地方的。

美第奇别墅正门上方的石匾上刻的并不是“VILLA MEDICI”而是“ACADEMIE NATIONALE DE FRANCE”——法文的“法国学院”。这其中的原因比较复杂。简单地说，这块地产几经辗转，在19世纪初落到了拿破仑手中，他随即将其赐予罗马法国学院，直到今天。就像是为了将更多游客拒之门外一般，这里只能由学院的官方导游带领参观，而在随季节变化的一天五至六次参观机会中，只有正午12点的一次是英语解说，其他都是法语或意大利语。英语虽然不是意大利的通用语言，但罗马的主要旅游景点都有完备的英文说明；相形之下，法国人的文化自信在这里就体现得非常充分了。

我第一次来，是路过此地，发现这个心向往之的地方居然可以如此方便地到达，但当时还有其他计划而且已经过了12点，就决定下次再来；第二次12点差一刻抵达，却被告知英语团人数已满，恕不接待；第三次，直接吃了闭门羹，因为工作人员决定出去度假了；这一次11点半到达，终于遂了心愿。

2

美第奇家族是中世纪晚期到文艺复兴时期欧洲最有权势的家族之一，其拥有的这块地产毋庸置疑具有重要的地位；但真正使美第奇别墅名扬天下的，应该还是法兰西学院主办的罗马大奖。

从1663年路易十四始创到1968年最后一次评选为止，旨在提高法国艺术水平的罗马大奖一直是世界最有影响力的艺术奖学金之一。获奖者由法国政府出资，公费留学罗马，接受意大利艺术名师的指点。自法兰西学院得到美第奇别墅起——也大概是在这个时候，罗马大奖开始纳入音乐作曲类的评选——

获奖者在罗马的住所就在这里。于是，浪漫主义时期的法国作曲家中最优秀的一些人都在这里居住过一段时光，其中一些名字成为古典音乐夜空中最灿烂的明星：柏辽兹、古诺、比才、马斯内、德彪西……

然而其中没有圣－桑。

本书的原作者并非没有参与过这项至高荣誉的角逐——1852 年和 1864 年他曾两次参加，但都铩羽而归。在第四章中，圣－桑提到了 1864 年的那次。他写道，评奖委员会认为他“并不需要这份荣誉”，所以就没有把奖颁给他，他认为这是“一桩丑闻”。当年的获奖者是夏尔－维克多·西格（Charles-Victor Sieg），一个早已湮没不闻的名字。从这个意义上来看，圣－桑在这里透露出来的怨气并非毫无理由，但他在获奖者名单公布的第二天便得到了抒情歌剧院经理卡尔瓦略写作歌剧《银铃》的邀约，上天也算是不失公平了——但年轻的圣－桑在第二年写完这部歌剧时绝不会想到，他还要等 12 年才能看到《银铃》登上舞台，其间经历了等待、删改、换角甚至战争；他自己也从一个初露锋芒的年轻作曲家成长为当时法国乃至欧洲音乐界的显赫人物。

3

《银铃》的遭遇可以说是时代的倒影。整个 19 世纪到 20 世纪初，法国本身和西方艺术界都处在持续的动荡之中。

在法国大革命的余波下，拿破仑、波旁王朝、奥尔良王朝、共和国如梅花间竹般反复更迭。1870年普法战争中法国一败涂地，不得不割地赔款以转头镇压巴黎公社。翌年，威廉一世在凡尔赛宫镜厅登基，成为统一德意志帝国的皇帝。法国的19世纪就是以这样的奇耻大辱收尾的。

在音乐界，各国音乐家还没来得及完全将贝多芬的遗产继承消化、发扬光大，柏辽兹和瓦格纳的作品便迫不及待地跳出来宣判：辉煌的古典主义时代过去了（有趣的是，圣－桑认为柏辽兹和瓦格纳的风格迥然不同）。魔鬼般的帕格尼尼和李斯特与作曲家相互呼应，向世人展示了以前根本无法想象的演奏世界。在受到迅猛发展的照相技术严重威胁的美术界，以安格尔为代表的学院派人士和德拉克洛瓦等浪漫主义者的论战尚未分出高下，在1874年的“无名画家、雕刻家、版画家协会展”上，莫奈以《印象·日出》中蓝灰色天空中的红日昭示了新时代的黎明。

而如此巨变的岁月在圣－桑的作品中基本没有印下痕迹，唯一让人感到有些心悸的，或许只有《骷髅之舞》开头小提琴奏响的几个强音。圣－桑一生都在坚定而自豪地捍卫着古典主义，这在本书的议论性文字中有很多体现。他哀叹当时的人们对巴赫、海顿、莫扎特和贝多芬的轻视，嘲讽无调性音乐的支持者“仿佛一头猪穿过花园一样，就那样子‘哼哼’着进入了音乐世界”；不过他对瓦格纳评价极高，认为后者开拓性地使用了管弦乐队、达到了前所未有的音响效果。这个在时代大潮面前茕茕独立的老人，也许会与今日在政府对面安营扎寨的抗议者取得精神上的共鸣。

不过将近一个世纪后回头再看，圣－桑其实是对的。最为人熟知、最受欢迎的古典音乐曲目仍然出自古典时期的大师，标新立异的现代作品尚未有一部拥有类似的流行程度。圣－桑本人的作品虽然在当时被指责为表面和浅显，但悦耳的旋律与和声使它们在今天仍有相当的生命力。或许人性中最偏爱的就是一种特定的美，体现了这种美的艺术因而得以永恒。

4

罗马是名副其实的“永恒之城”，已逾两千年而保存依然相当完好的古迹比比皆是，很容易让人感慨丛生。于 16 世纪末竣工的美第奇别墅不论是从年代还是从建筑的代表性和精美程度等方面来看，都称不上特别出众。一圈参观下来，“不过如此”的感觉是免不了的。但它是活的：罗马大奖虽然已经不再评选，但艺术家仍然可以提出申请，由法国政府资助，在美第奇别墅住宿，专职从事艺术创作，同 19 世纪的先辈没有什么本质上的分别。

走出别墅大门时，我突然想到：在断断续续翻译本书的这一年多中，我和译者们的生活也并不十分安定，在某种程度上和圣－桑的人生经历有一定相似之处。我换了工作，从菲律宾搬到了意大利；典典从大学毕业，来到法国深造；马洁走过了硕士论文的开题阶段，又为考试四处奔忙。这些变化的结果都是我们在接下这本书时无法预料的，但可以预料的是，我们未来的生活中永远不会缺少变化。

生活在动荡年月的圣－桑凭借其美妙的音乐留名青史；曾经数易其主的美第奇别墅很可能还将继续在苹丘上矗立几个世纪，迎接一代又一代的艺术家；那么，忙忙碌碌的我们又能留下什么呢？也许这本书就是一个答案——感谢电子时代，令数据的永存成为可能。

这本书能够最终和读者见面，首先要归功于两位译者的辛勤劳动，也要非常感谢精评人的耐心指点和译言古登堡计划编辑对拖稿的容忍。《外国音乐辞典》《牛津简明音乐词典》《世界人名翻译大辞典》是我们在翻译过程中主要使用的工具书，在这些大部头背后默默奉献的人们真是功德无量，而分别以维基百科和谷歌为代表的互联网上浩如烟海的资料及其组织者，则是这个时代最值得人类自豪的创造。

遗憾也是有的。首先，本书依据的是英译本，尽管在翻译过程中我们参照法文原著纠正了一些英文版中的拼写和翻译错误，但限于能力和精力，面面俱到是不可能的。其次，英文版是选译，法文原著中还有对宗教音乐、装饰艺术、拉丁文发音等方面的论述，以及埃及、阿尔及利亚、意大利游记和几篇抒情散文。不知道是否会有懂法文的人愿意腾出精力，让中文世界拥有这本书原始、完整的面貌。

我们希望自己的工作拓展了一点点中文文献的覆盖面。如果一些读者能够从这本书中得到帮助，那我们真是再欣喜不过了。

刘斌

2014 年 12 月　罗马

01 · 童年记忆 / *001*

02 · 老音乐院 / *009*

03 · 维克多 · 雨果 / *017*

04 · 一部喜歌剧的历史 / *023*

05 · 路易 · 加莱 / *034*

06 · 歌剧中的历史和神话 / *041*

07 · 为艺术而艺术 / *051*

08 · 通俗科学与艺术 / *056*

09 · 音乐的无政府状态 / *061*

10 · 管风琴 / *066*

11 · 海顿与《临终七言》/ *073*

12 · 李斯特百年诞辰纪念 / *081*

13 · 柏辽兹的《安魂曲》/ *089*

14 · 波利娜 · 维阿尔多 / *096*

15 · 奥尔菲斯 / *103*

16・德萨尔特 / *119*

17・塞热 / *125*

18・罗西尼 / *133*

19・朱尔・马斯内 / *140*

20・迈耶贝尔 / *146*

21・雅克・奥芬巴赫 / *168*

22・君主 / *174*

23・美术界的音乐家 / *181*

注释 / *188*

专有名词表 / *225*

01 童年记忆

过去，经常有人跟我说我有两个母亲；我的确有两个母亲——生母和姨祖母。姨祖母名叫夏洛特·马松（Charlotte Masson），出身于一个姓盖亚德（Gayard）的古老的律师世家。这层关系使我成了德尔康布尔将军（General Delcambre）的后代，他是从俄国撤军的英雄之一，孙女嫁给了法兰西文学院[1]的杜列乌伯爵（Comte Durrieu）。姨祖母于1781年出生在巴黎以外的地方，她家一户亲戚住在巴黎，夫妻俩膝下无子，将她收养。她的养父是一名富有的律师，全家过着奢华的生活。

姨祖母是个早熟的孩子，九个月大时就会走路，成年后更是才智出众、成就斐然。她清楚地记得旧制度（Ancien Régime）[2]时的风俗习惯；她喜欢讲述这些习俗，也喜欢讲大革命（La Révolution）、恐怖统治（La Terreur）[3]以及随后的日子。大革命摧毁了她的家庭，于是这个瘦弱的年轻女孩开始自谋生路。她教法语、钢琴（当时还是个稀罕物）、唱歌、绘画、刺绣——总

晚年的圣－桑

之，教别人自己会的所有东西和很多其实不会的东西。如果不会，她就现学现卖。后来，她嫁给了一个表亲。她自己没有生养，所以从香槟（Champagne）[4]带来一个外甥女，收为养女。这个女孩便是我的母亲克莱曼斯·科林（Clemence Collin）。在马松一家打算带着一大笔财富退休时，却在短短两周内几乎失去了一切；恐慌之中，他们只留得一点钱，勉强够维持体面的生活。此后不久，母亲嫁给了在内政部做小官的父亲。我于1835年10月9日出生，而姨祖父积郁成疾，在我出生前几个月便辞世了。父亲患了肺痨，于同年12月31日去世，这时他结婚仅一年。

于是，这两个女人都成了寡妇，生活拮据，被伤心往事压得透不过气来，还要照顾纤弱的孩子。我体质太过孱弱，医生甚至认为我没什么希望活下去。遵照医生的建议，我两岁前都留在乡下，由保姆来照顾。

母亲不像姨祖母那样受过广泛的良好教育，但她有超凡的想象力和吸收理解能力，足以弥补这方面的不足。她经常跟我讲起一位很喜欢她的叔叔——他在腓力·平等（Philippe Egalité）[5]事件中丧生。这位叔叔是艺术家，但也酷爱音乐。

他甚至亲自动手做了一台音乐会用管风琴，时常弹奏。他曾让母亲坐在膝上，手指轻抚她乌黑的秀发，给她讲美的每一种形态：美术、音乐、绘画。所以，她认为如果将来有儿子的话，首先应该让他做音乐家，其次画家，再次雕塑家。我脱离保姆照顾回家后，开始聆听每种噪音、每种声响，晃动门让它嘎吱嘎吱作响，站在钟前听敲钟的声音；母亲因为对我有所期待，故而对此并不深感吃惊。每天早晨，客厅火炉前都会挂着一个大水壶，它的响声是我尤为喜欢的音乐。我坐在旁边的小板凳上，怀着急切的好奇心等着第一声低鸣，随后声音缓缓渐强，变化万端，然后微型双簧管逐渐响起，沸腾后又没了声息。柏辽兹（Berlioz）一定和我一样，也听过这支双簧管，因为我在《浮士德的劫罚》（La Damnation de Faust）[6] 的“走向地狱”（La Course à l'abîme）部分里再次听到了这种声音。

同时，我开始学习阅读。两岁半的时候，大人们把我放在一架好几年都未打开过的小钢琴前。跟大多数同龄孩子不一样，我并没有胡乱敲击，而是一个音符一个音符地按，只有在前一个音符的声音消失之后我才会继续弹。姨祖母教我音符的名称，并请了调音师为钢琴调音。调音时，我在隔壁房间玩，音符响起时我能说出它们的音名，这让他们大为吃惊。这些细节不是别人告诉我的——我自己就记得一清二楚。

老师用《卡尔庞捷法》（La Méthode de Le Carpentier）[7] 教我，一个月内我就把这本教材学完了。他们不让我这个小捣蛋在钢琴前一直不间断地弹，就合上了钢琴，这时我就像丢了魂一样号啕大哭。于是他们只好一直开着钢琴盖，并在前面放个小凳子。我会不时地丢开玩具，爬上小凳，弹奏脑海中浮现的东西。好在姨祖母音乐基础良好，她开始逐步教我如何正确地摆放手，所以我才没有出现不良手型，否则后来会很难纠正。但他们不知道该给我什么样的乐谱。通常来说，专为儿童写的钢琴曲只有旋律，并且左手部分很无聊。我拒绝学习这些曲子。“低音部不唱歌。”我厌恶地说道。

然后，他们求助于古典大师，从海顿（Haydn）和莫扎特（Mozart）的作品里挑选容易到我能掌握的内容。五岁时，我便能正确地弹小奏鸣曲，对曲子的演绎良好而准确。但是，只有听众具备欣赏力时，我才愿意弹奏。我曾读到一篇写我的小传记，说我是在鞭子威逼下不得已才弹奏的——这完全是杜撰。但是，想让我弹琴，就得告诉我听众中有位女士，她得是名优秀的音乐家，对音乐相当挑剔。我不会为不懂的人弹奏。

关于鞭子，那应该归入传说一类，就像加西亚（Garcia）粗暴地逼迫两个女儿学唱歌的传闻一样。但是，维阿尔多夫人（Madame Viardot）[8] 曾明确地告诉我，她和姐姐都没有被父亲体罚过，两人是不经意间就学会了音乐，就像学说话一样。

但是，尽管我进步惊人，老师却没预见到我将来的成就。“到他 15 岁时，”她说，“如果他能写出一首舞曲来，我就已经心满意足了。”不过，我也正是从 15 岁起开始作曲。我写圆舞曲和加洛普舞曲——当时加洛普舞曲正在流行，曲子的动机（motive）[9] 都比较通俗，我的作品也不例外；而李斯特（Liszt）

创作了《大加洛普舞曲》(Galop chromatique)[10]，表明天才在最老生常谈的主题里也能创新。我写的圆舞曲比加洛普舞曲更好。通常，我总是直接在纸上写乐谱，而不是先在钢琴上试奏。当时我的手弹奏这些圆舞曲很困难，所以我家的一个朋友——歌唱家热拉尔迪（Géraldy）的妹妹伸出援手，帮我弹奏。

近来，我仔细研究了这些小曲。它们不怎么重要，不过其中也挑不出任何技术错误。对一个对和声还没有概念的孩子来说，能达到这种精确度真是不同寻常。大概在那个时候，有人认为我应该去听听管弦乐队。所以，他们带我去听交响乐音乐会，母亲在门口将我抱在怀里。在听交响乐之前，我只听过小提琴，而且不喜欢它的音色，但管弦乐给人的感觉完全不同。正当我满心欢喜地听着四重奏乐段时，小号、长号和钹之类的铜管乐器突然齐声高奏起来。我立刻大哭："快让它们停下来。它们妨碍我听音乐了。"他们不得不带我出去。

七岁时，我的老师由姨祖母换成了斯塔马蒂（Stamaty）[11]。他惊讶于我接受的音乐启蒙教育；他在一部小著作里讨论正确启蒙教育的必要性时，也表达了这一点。他说，对我而言，只需要求自己日臻完美即可。

斯塔马蒂是卡尔克布伦纳（Kalkbrenner）[12] 最得意的门徒，一直提倡老师发明的教学方法。这种方法基于手规（guide main），于是我就用这种工具练习。卡尔克布伦纳在其教材序言中讲述了这项发明的缘起，极为有趣。这项发明是在键盘前面放一根杆，练琴时前臂放在这根杆上，因而手部之外的其他肌肉运动都被抑制住了。如果是教年轻钢琴家弹奏为大键琴或早期钢琴写的曲目，这套系统就颇为有用，因为这两种乐器的琴键只要轻轻用力就能按下；但要换成现代作品和乐器，它就难以充分发挥作用了。刚开始学琴的人应该采用这种办法，因为这能够锻炼手指的稳固性和手腕的柔韧性，并且很容易就能逐步将前臂和整个手臂的力量加上。但是在我们那个时代，这套系统是在学习的最后阶段才用的。我们从塞巴斯蒂安·巴赫（Sebastian Bach）的《优律键盘曲集》（Wohltemperirte Klavier）[13]中学习赋格的要素，从舒曼（Schumann）和李斯特的作品中学习钢琴，从里夏德·瓦格纳（Richard Wagner）那里学习和声与配器。有些歌手尚未掌握歌唱技巧，只是揣摩了一下角色就匆匆登台，这样很快就自毁嗓音；我们也跟这些歌手一样，努力常常付诸东流。

使用卡尔克布伦纳方法不光能锻炼手指的稳固性，还能够改善单用手指触键时的音质，这在我们那个时代可是一笔宝贵的财富。

不幸的是，这一套教学方法也发明了连奏（legato）[14]，但这不正确而且单调；这其实是过分追求细枝末节，狂热地使用连续表情（espressivo）[15]而不加辨别。我本能地反对这些规则，自然也无法去遵守。他们指责我说，我永不会弹出真正精美的效果——我根本不在乎什么精美效果。

我 10 岁的时候，老师觉得我完全能够在普莱耶尔音乐厅（Salle Pleyel）[16]举办音乐会，所以我就在那里开了一场，由一个意大利乐团伴奏，蒂尔芒（Tilmant）[17] 指挥。我演奏了贝多芬（Beethoven）的《c 小调钢琴协奏曲》和莫扎特的一首《降 B 大调钢琴协奏曲》。当时，巴黎音乐院音乐会协会（Société des concerts du Conservatoire）对我的演奏持怀疑态度，我甚至还得试演一次。后来创办了圣塞西尔音乐协会（Société St. Cécile）[18] 的塞热（Seghers）[19] 在乐团事务上颇有权力；他讨厌斯塔马蒂，并跟他说音乐会协会不是为给小孩伴奏而建立的。这话伤到了母亲，她再也不想听到这种话了。

我的第一场演奏会非常成功，老师希望我能再弹几场，但母亲不希望我以神童的形象开始音乐生涯。她对我有更高的期望，而且担心继续办演奏会将损害我的健康，就不想让我再办了。结果，老师和我的关系骤然冷却，最终导致我们的师徒关系结束。

当时，母亲说了一句话，好似科涅莉亚（Cornelia）[20]。一天，有人反对她让我弹贝多芬的奏鸣曲。“他 20 岁的时候又将弹什么东西呢？”他们问她。“他自己作的曲子。”她回答说。

斯塔马蒂让麦雷登（Maleden）[21] 教我作曲，于是我得以跟他相识，这是我师从斯塔马蒂这段经历中最大的收益。麦雷登生于利摩日（Limoges）[22]，从口音就能听得出。他身材清瘦，一头长发，为人随和，略显怯懦，但却是一位无与伦比的老师。他年轻时去了德国，师从戈特弗里德 · 韦伯（Gottfried Weber）[23]，归国时带回了韦伯开创的作曲系统并加以完善。他把这套系统变成完美的工具，借助它能够抵达音乐的深处，如同照向最黑暗角落的灯光。这套系统并不将和弦本身单独拿出来考虑——就是把它们看成五和弦、六和弦、七和弦等——而是把和弦与其所处的音高结合起来。和弦由于处在不同的位置而拥有不同的特点，因此，一些用其他方法无法解释的事情在此得到了阐释。尼德迈尔学校（École Niedermeyer）[24] 在教授这种方法，我不知道是否有其他地方也在教。

麦雷登非常想成为巴黎音乐院[25] 的教授。由于麦雷登的影响力非常大，奥柏（Auber）[26] 打算聘用他；而这时，麦雷登出于一丝不苟的诚实品性，认为应该写信告诉奥柏自己的教学方法跟学院的完全不同。奥柏深感担心，就没有聘用麦雷登。

我们上课时总会激烈争吵，时不时就会因一些问题意见相左。这时，他就会轻轻地捏着我的耳朵，按下我的头，把我的耳朵贴在桌面上按一两分钟。然后，他就问我是否改变主意了。如果我坚持己见，他就会重新考虑；很多时候，他会承认我是对的。

“你的童年，”古诺（Gounod）[27] 曾经对我说，“可没有音乐性。”他错了，因为他不知道在我童年时期发生的很多象征性事件。我的很多创作都未完成，更别提我销毁的那些；未完成的作品中有歌曲、合唱、康塔塔和序曲，这些都永不会为人所知了。最终，这些尝试终将湮没，因为公众对它们并没有兴趣。在这些涂鸦中，我发现了四岁时用铅笔写的一些笔记，上面的日期确凿无疑地记载了它们的创作时间。

02
老音乐院

不向位于贝尔杰尔街（Rue Bergère）的老音乐院做最后的告别，我就没法释怀，因为我深爱着它，正如我们都深爱着青年时光一般。我欣赏它古色古香、完全没有任何现代气息的氛围。我喜欢那块不可理喻的庭院：男女高音的长声高吟、钢琴的叮叮咚咚、小号和长号的轰鸣、单簧管的琶音融为一体，化为一曲超级复调；这是我们的一些作曲家努力尝试却谱写不出的曲调。我尤其喜欢回忆在这个不可理喻却又神圣庄严的宫殿接受音乐教育的日子。长久以来，这里挤满了来自世界各地的学生，地方显得太小了。

14 岁时，钢琴老师斯塔马蒂把我介绍给管风琴老师伯努瓦（Benoist）[1]，他成就非凡、风度翩翩，人们亲切地称他“教父伯努瓦”。他们让我坐在琴前，但当时我给吓怕了，弹出的声音非常奇怪，因而所有学生都大笑起来。音乐院接受我当“旁听生”。

因此，我虽然入了学，却只能听别人弹。但我非常刻苦，从不错过一个音符和老师说的一个词。我在家练琴，琢磨曲子，努力学习塞巴斯蒂安·巴赫的《优律键盘曲集》。然而，并不是所有学生都如此勤奋。有一天，他们都弹得很差，伯努瓦无事可做，因而就让我来弹管风琴。这一次，没人再笑了；我马上就成了正式学生。年底我获得了二等奖。要不是因为我年纪小，应该还在这个班级待很久，要离开比较麻烦，我其实应该拿到一等奖。

同年，马德莱娜·布罗昂（Madeleine Brohan）[2] 赢得了喜剧一等奖。她表演了《厌世者》（Misanthrope）[3] 里的一个片段，茹阿桑（Jouassain）[4] 小姐跟她演对手戏。茹阿桑的技巧更好，但马德莱娜·布罗昂的美貌和嗓音都令人惊叹，所以她拿到了一等奖。这个授奖决定引起舆论一片哗然。在今天，如果碰上这种情况，会给两人同时授奖。次年，茹阿桑就得奖了。离开学校后，她接受了法兰西喜剧院（Comédie-Française）[5] 的邀请，在很长一段时间里担任要职。

伯努瓦是个普通的管风琴家，但他是位令人钦佩的老师，培养出来的名副其实的杰出音乐家多如星辰。他很少讲话，但品味高雅、判断准确，说的话既不会没有分量，也不会缺乏威信。他同巴黎歌剧院 [6] 合作写了几部芭蕾舞剧，因而十分忙碌。这听起来令人难以置信，不过他确实把“工作”带到了课堂上；学生们弹管风琴的时候，他就开始涂涂画画，给乐曲配器。但这并没有影响他听学生弹奏和照顾他们。他会撇开“工作”，并提出恰当的评论，就好像没有一心二用一样。

除了芭蕾舞剧，伯努瓦也给歌剧院做其他零碎工作。因此，有一天，他无意间就向我透露了一个隐藏很深的秘密。柏辽兹在他的名著《配器法》（Traité d’instrumentation）[7] 中表达了对萨基尼（Sacchini）[8] 的《俄狄浦斯去科隆》（Œdipus à Colone）中一个乐段的赞赏。在台词“我遇到了迷人的厄里费勒”（Je connus la charmante Eriphyle）之前，两支单簧管奏出富有魅力的下行三度音。柏辽兹富有热情地写道：

“我们甚至会认为，自己真的看到了厄里费勒纯洁地吻他的眼睛。这真是太美了。然而，”他补充说，“萨基尼的总谱中没有这种音响效果的痕迹。”

出于某种我所不知的原因，萨基尼在全剧曲谱中没有用过一次单簧管。现在的单簧管部分是这部作品被挖掘出来重新上演时由伯努瓦受托添加的，这是我们某天谈话时他告诉我的。柏辽兹不知道这一点；而伯努瓦没有读过柏辽兹的《配器法》，所以也不知道这位浪漫主义音乐家对他工作的高度赞赏。这些欢快地跳动着的三度音虽然不是萨基尼谱写的，却是绝妙的创新。

为了让贝利尼（Bellini）[9] 的《罗密欧》（Romeo）更有活力，伯努瓦被要求在其中加入震耳欲聋的鼓、钹和铜管乐器；他接到这个任务时并不开心。那个时代流行嘈杂音响，伦敦的科斯塔（Costa）[10] 给了莫扎特的《唐·璜》（Don Juan）[11] 一样的待遇。本来作曲家特意将长号留在剧尾，但科斯塔给改成在全剧到处都是了。伯努瓦本该拒绝做这种粗俗工作。然而，即使他不做，也不能让这部一文不值的作品免遭失败——它还是毙掉了《特洛伊人》（Les Troyens）[12] 的管理层花巨资包装上演的呢。

我 15 岁时，到阿莱维（Halévy）[13] 的班上学习。在麦雷登的指导下，我已经完成了对和声、对位与赋格的学习。我前面说过，尼德迈尔学校采用了他的教学方法。福雷（Fauré）、梅萨热（Messager）[14]、佩里尤（Périlhou）[15]、吉古（Gigout）[16] 都是在这里接受培训，再用这种方法教授他人。我的课堂作业是尝试声乐、器乐和配器创作。我的《遐想》（Rêverie）、《白杨枝叶》（La Feuille de peuplier）和其他很多作品都是在这里问世的。世人已经完全不记得它们了，这也无可厚非，因为我的作品质量参差不齐。

阿莱维在作曲生涯晚期不断创作歌剧和喜歌剧，这些作品未能提升他的名声。它们倒是上演过不少次，不过之后就消失在世间，再也没有重演过。他完全沉浸在创作中，因此很大程度上忽视了自己教的课，只有有空时才会到班上。然而，不管他是否来，学生都照常来上课，相互提出的意见远比老师尖锐得多——因为阿莱维最大的缺点就是过于宽容。即使在课堂上，他也不会拒绝各路自私自利的人。各种男女歌手都会来让他听自己试唱。今天是玛丽·卡贝尔（Marie Cabel）[17]，她仍然年轻美艳，嗓音宛若天籁；明天就可能是让人难以忍受的男高音，白白浪费他的时间。老师捎话说不来上课时——这种情况经常发生——我就去图书馆；我实际上是在那里完成学业的。我贪婪地阅读古典与现代音乐作品，数量之多说出来令人难以置信。

但是，仅仅读乐谱远远不够——我需要听到音乐。当然，可以去音乐会协会听，但那儿是天堂，门口有举着火焰之剑的天使守护——就是名叫莱斯科（Lescot）的守门人。他的工作就是防止俗人亵渎圣所。莱斯科喜欢我，理解我渴望听管弦乐团演奏的心情。因此，万不得已时，他就尽可能放慢巡视速度，让我溜进协会里面。幸运的是，马塞兰·德·弗伦（Marcelin de Fresne）在他的包厢里给我留了个位置，让我用了好几年。

听交响乐之前，我已经阅读研究过乐谱，因此我在协会自吹自擂式的演奏中发现了一些重大缺陷。现在不会有人容忍这些毛病，但是当时人们经常忽视。我那时还天真，考虑不周，所以经常指出这些缺陷。很容易想象得出，当时协会对我有多么愤怒。

就公众而言，这些音乐会能获得巨大成功是由于乐团的音调深度散发出的无与伦比的魅力，而大家认为这种魅力来自音乐厅本身。协会成员也这么认为，所以他们不让其他乐团在那里演奏。这种状况直到安东·鲁宾斯坦（Anton Rubinstein）[18]办音乐会后才有所改变。当时他得到艺术部长许可，在那里举办音乐会，由科洛纳乐团（Orchestre Colonne）[19]伴奏；但协会对此又急又恼，威胁要取消自己的系列音乐会。最终协会的抗议被驳回，鲁宾斯坦的音乐会照常举办。在同一个音乐厅里，另外一支乐团演奏的效果完全不同，这让大众倍感吃惊。人们这才发现，一直深得好评的音调深度是协会自身、乐器特点和演奏综合作用的效果。

尽管如此，那个音乐厅还是非常出色的，虽然它已不再适合呈现现代作品。不过，不少歌唱家和乐器名家在管弦乐团伴奏下在这里举办过音乐会，还有很多次室内乐演出，在这些场合下它的表现卓越超凡。最后，海顿、莫扎特、贝多芬的杰作是在这个音乐厅里被引入法国的。他们影响深远，此厅因而也具有历史意义。

过去几年，音乐院出台了很多改善管理制度的措施。不过从另一方面来讲，一些历史悠久、受人推崇的惯例消失了，很令人惋惜。从奥柏时代起，音乐院旁边就有一座膳宿公寓（pension）。于是，外地来的 18 岁的年轻歌手就能在这里衣食无忧、生活规律；大城市的生活对年轻、富有活力的歌喉是有害的，而在这里他们可以不受都市的引诱。布伊（Bouhy）、拉萨尔（Lassalle）、卡普尔（Capoul）、加亚尔（Gailhard）[20] 等很多令法国舞台声名远播的人都住过这座膳宿公寓。

我们也曾经举办歌剧公演，表演者和观众都喜欢，因为剧目都不是经常演出的。梅于尔（Méhul）[21] 的《约瑟夫》（Joseph）在这里上演过，这部剧曾从舞台上消失了很久。学生们富有活力的嗓音唱出了动听的合唱，使这部歌剧赢得了巨大成功，观众都热烈赞赏，因此该剧又在喜歌剧院（Opéra-Comique）[22] 重演，并获得成功，而且再也没有失败过。我们还在那里欣赏了格鲁克（Gluck）的《奥尔菲斯》（Orphée）[23]，很久以后抒情歌剧院（Théatre Lyrique）[24] 才重演这部杰作。还有梅于尔的《愤怒》（L'Irato）[25]，这部作品不同寻常、富有魅力，后来巴黎歌剧院也排演了。那里还演过罗西尼（Rossini）的《奥赛罗》（Otello）[26]的最后一幕。最后一幕的暴风雨给了我灵感，我也在《参孙》（Samson）[27]的第二幕中让一场暴风雨贯穿始终。

音乐厅重修时，舞台被拆毁了，因而这类表演不能再举行了。不过，作为弥补，他们安装了一台音乐会用管风琴，这对音乐演出来说是必需的装备。

最后，在奥柏时期，甚至在安布鲁瓦兹·托马（Ambroise Thomas）[28]时期，校长说一不二。没人想过要成立委员会——能不能成立这个委员会其实是校长说了算，但吊诡的是，委员会却能折损校长的权威。新体系带来的唯一好处是终止了音乐评论家向校长发起的无休止的战争，但成立委员会其实对校长和学校都没什么坏处，因为学校的规模膨胀得很厉害，早就该扩大了。成立委员会的计划通过了，这件事情也算告一段落。现在很多学生申请入学，但是只有少数得以入选。人们只希望能够采取措施扩大招生规模。

众所周知，我们极度热衷改革，所以不妨在音乐院也来一场。有人研究了外国的音乐学院，想把一些特色吸收进这里。事实上，有些国外的音乐学院坐落在宏伟的宫殿里，课程都是精心设置的，这值得我们钦佩；但是，他们是否能够培养出比我们更优秀的学生，这还有待探讨。然而，不容置疑的是，许多外国年轻人会到我们这里接受教育。

一些由音乐家负责的学校会设置演讲课；有些改革者对此

深感震惊。这些改革者忘了，音乐家也可能是作家——现任校长就具备这些品质——这种情况在将来也不会有什么不同。擅长演讲的教师从来都是最棒的。福雷是个音乐家，但他知道如何将偏离了方向的课程扭转回本来的轨道。有段时间，他们倾向于现代主义，这让人很反感；竞赛中的古典诗歌被换成了现代散文，但学习古典诗歌是大有裨益的。

演讲和音乐的融合非但无害，而且，如果歌唱家和作曲家能充分利用这种融合来熟悉词语的发音规律，这将对他们很有好处。在我看来，发音规律在演讲和音乐中都是不可或缺的。然而，他们不相信旋律。歌剧中没了朗诵，歌手发音不清晰，使作品变得很难懂。作曲家往往重复使用相同的台词，因为他们没有能力对如何念出这些词语给出提示和指导。这令人遗憾，应该有所改变。

正如你所看到的，我反对改革狂热病，但最后自己却建议改革。嗯，人总得活在自己的时代，没人能抹掉自己身上的时代特征。

03
维克多·雨果

似乎是安排好的一样，我青年时的一切经历都在让我远离浪漫主义。我身边的人只讨论古典文学经典，他们喜欢蓬萨尔（Ponsard）的《柳克丽丝》（Lucrèce）[1]，简直尊其为女神密涅瓦（Minerva）[2]；女神的长矛直指维克多·雨果（Victor Hugo）和他邪恶的手下，他们讨论雨果时从来不掩饰厌恶之情。

我一直在想，究竟是谁凑巧给了我装订精美的维克多·雨果诗集的前几卷？我已经忘记了是谁，但我还记得被雨果的七弦琴般的诗句所唤起的愉悦激动的心情。在那之前，诗歌对我来说是冷冰冰的，让人敬而远之；我很久之后才体会到经典作品的生动之美。我一下子就深深入迷了，而自己在各个方面的天性又都富有音乐性，所以就开始吟唱这些诗歌。

我常听人说（现在他们依旧这么说）：优美的诗句会破坏音乐的美感，音乐也会让优美的诗句黯然失色；谱曲需要用平庸的诗（押韵散文即可，用不着优美的诗歌），因为作曲家可以对

维克多·雨果

这些作品随意增删。这种意见真令人厌烦。如果音乐先谱出来，再根据文字改编的话，这么概括毫无疑问是正确的；但是，这两种艺术本来应互为补充，而现在这样显然不是理想的和谐状态。如果用歌唱来吟咏诗歌比朗诵更胜一筹，那么难道诗歌富有节奏、铿锵有力的段落就不应该天然地用音乐来衬托吗？我在这方面做了一些尝试，现在保存下来的作品有《因为每个灵魂都在这里》（Puisque ici bas toute ame）、《约翰王的部队在行军》（Le Pas d'armes du roi Jean）和《克洛什》（La Cloche）[3]。当时，那些作品一度成为笑柄，但后来都取得了不同程度的成功。后来我继续写了《如果你想做梦》（Si tu veux faisons un réve），这首歌卡尔瓦略（Cavalho）夫人[4]唱过很多次；还写了《海边之夜》（Soirée en mer）和其他很多作品。

随着年岁增长，我越来越喜欢雨果。我渴盼着他发表新诗，一出来就急切地阅读。有些烦人的批评家恶意批评我，不过我从跟柏辽兹聊天中得到了安慰。有这么一个朋友跟我一样喜欢雨果，真是三生有幸。同时，我的文学修养有所提高，熟悉了经典作品，并从中发现了不朽的美。我热爱经典作品，然而这丝毫不影响我对雨果的尊重；我一直不理解为什么不鄙视拉辛

（Racine）[5]就意味着对雨果不忠实。很幸运我持这种观点，因为我见过像默里斯（Meurice）[6]和瓦克里（Vacquerie）[7]这样感情最炽烈的浪漫主义者晚年时也回归拉辛，去修复原本不该打断的金链间的连环。

法兰西帝国垮台后，维克多 · 雨果返回巴黎。[8]所以，我有机会实现梦想，能看到他，听他讲话了！但同时，我又很害怕见到他，害怕的程度不亚于想要见到他的渴望。维克多 · 雨果跟罗西尼一样，在每天晚上接待朋友。他伸出双手，告诉我能在自己家里见到我是多么荣幸。听到这句话，我觉得周围都天旋地转了！

“我可不能跟你说同样的话，”我回答道，“我希望自己现在在其他地方。”他哈哈大笑起来，表示知道如何克服我的羞怯心理。我站在一旁，听他和别人谈话。按照我之前的想法，谈话会带有他最近的浪漫风格。然而，完全出乎我意料；只是些简单的优美语句，逻辑完全严密，从那张“神秘的嘴”中说出来。

晚上我尽可能多地去雨果那儿，因为和我年轻时心目中的英雄在一起，就如同无限痛饮美酒，怎么都不会觉得厌烦。值得一提的是，雨果是个立场激进的共和派，堪称当代的尤维纳利斯（Juvenal）[9]，他的诗句仿佛在用赤红的烙铁拷问“国王”，但在私人生活里他却那么享受各国君主的奉承。巴西皇帝前来拜访了他，第二天，他便不停地说这件事。他十分夸张地称他为“唐 · 佩德罗 · 达尔坎塔拉”（Don Pedro d’Alcantara）[10]。在法语中对应的说法是“皮埃尔·杜邦先生”（M. Pierre du Pont）。西班牙语本身的特点让如此普通的名字拥有华丽的声音。这种浮华不常在法语中见到，但这正是高乃依（Corneille）[11] 和维克多·雨果的成功给法语带来的风格。

不幸的是，一件小事改变了我和大诗人之间的关系。

“只要贝尔坦（Bertin）小姐还活着，”他告诉我，“我绝不会允许《埃斯梅拉达》（La Esmeralda）[12] 被改编成乐曲；但如果某位音乐家现在要为这首诗谱曲，我会很高兴让他去做的。”

雨果的邀请已很明显。然而，众所周知，这部著名的浪漫主义作品的这次戏剧化和歌唱化的改编并不十分令人高兴。[13] 我十分难堪，于是就装作不明白；但我不敢再去雨果家了。

许多年过去了。1881 年，人们为给《历代传奇》（La Légende des siècles）[14] 作者立雕像而纷纷慷慨解囊，并开始筹备致献典礼，这在特罗卡德罗（Trocadéro）[15] 是件大事。这件事激发了我的想象力，于是我写了《雨果赞歌》（Hymne à Victor Hugo）[16]。

众所周知，大师对音乐一无所知，他周围的人同样如此。大师和他的追随者居然会错把一些荒谬虚无的动机当作贝多芬最壮丽的灵感表现之一，个中原因就只能凭空猜测了。维克多·雨果按照这个模棱两可的动机改编出了《斯泰拉》（Stella）的美丽诗句。它作为《惩罚集》（Les Chatiments）[17] 的一个附录出版，附注中说这是两个天才的结合，伟大诗人的诗句与大音乐家“绝妙”的乐章融合到了一起。诗人想请德鲁埃（Drouet）女士 [18] 不停地在钢琴上弹奏这奇妙的音乐！悲夫，赫拉克勒斯 [19]！

因为我希望在赞歌中放入一些其他任何人都没有的雨果的特点，所以我试图引进他深爱的这个动机。而且，我要了几手每个音乐家都会的小技巧，将它所没有的形式和特征赋予了它。

大师觉得捐赠进展不够快，就让这个活动停止了。所以我把赞歌放进抽屉，等待更好的机会。

大概是在知名作曲家[20]的父亲布鲁诺（Bruneau）先生想要在特罗卡德罗举办春季音乐会的时候。布鲁诺来见我，问我是否有未发表的作品能让他拿去用。这是展示《雨果赞歌》的绝佳机会，因为在写的时候我就记着特罗卡德罗。于是演出就这么定下来了，雨果应邀来听这个作品。

演出很精彩：一支人数众多的管弦乐团，雄壮的管风琴、8架竖琴、8支小号在管风琴室里奏出华丽的音响，乐曲最后还有一支大合唱团加入，就像焰火表演结束时烟花齐放一般精彩绚烂。观众对很少在公众场合露面的大诗人的赞美和喝彩简直难以用语言形容。管风琴、竖琴和小号发出的甜美声响让雨果耳目一新，这个如神灵般威严的诗人也觉得很开心。

“今晚和我一起吃饭吧。”他跟我说。从那天起，我经常和他、洛克鲁瓦（Lockroy）夫妇[21]、默里斯、瓦克里及其他好友吃便饭。食物美味而不奢华，谈话也愉快而平实。大师坐在桌子的一端，他的孙子孙女坐在两边，谈一些日常但又恰当的话题。他精力充沛，声音洪亮有力，谈吐中有种平静的幽默；看起来不像老年人，倒更像某种长生不老的生物，时间在他身上未留下任何痕迹。他就像乔夫（Jove）[22]一样让追随者尊敬而不感寒意。我非常喜欢这些小聚，它们是我生活中一些最为珍贵的回忆。

唉，时间流逝，这位从不含糊的大学者，也开始露出糊涂的迹象。有一天，他对一个意大利代表团说："法国人就是意大利人；意大利人就是法国人。法国人和意大利人应该一起去非洲，创建欧洲合众国。"

黄昏的一抹红光表明黑夜即将到来。

见过雨果宏伟葬礼的人都将永远不会忘记这一幕：棺材盖着黑纱，通过凯旋门（Arc de Triomphe），成千上万的民众前来为 19 世纪最伟大的抒情诗人送别。

有个委员会负责安排音乐，而我是委员会成员。人们提出了最不寻常的想法。一个人想用小调[23]演奏《马赛曲》（La Marseillaise）。另一个人想用小提琴曲，因为"小提琴在室外的演奏效果非常棒"。这样，我们自然什么也没决定下来。

人数众多的队伍开始行进时还整齐有序，但队一长就会有间断。我吃惊地发现自己站在香榭丽舍大街（Champs-Elysées）中间，周围空荡荡的。除了斐迪南·德·雷赛布（Ferdinand de Lesseps）[24]、保罗·贝尔（Paul Bert）和一名法兰西学术院院士（出于尊重，这里不提他的名字）外，我身边没有其他人了。

当时德·雷赛布正如日中天，他走过队伍时人们时不时会鼓掌欢迎。

突然，那名院士侧过身来，在我耳边低声说：

"显然，他们是在为我们鼓掌。"

04
一部喜歌剧的历史

年轻的音乐家总爱抱怨事业的艰辛，这的确情有可原。不过或许应该提醒他们，老一辈音乐家也并不总是睡在玫瑰床上；他们在韶华之时也曾被困在港口内，无法启航，不得不时常挺胸直面风雨。他们往往四处碰壁，遭遇人间最卑鄙的冷眼——剧院的回绝、公众的漠视；而只有当作品符合剧院和公众的最大利益时，他们才会被批准开足马力、扬帆远航。

1864 年最精彩的评论文章中，有一篇对这个话题评述如下：

我们真正的责任——实际上这无疑是个善举——不是鼓励他们（指新手），而是打击他们。在艺术领域，天赋的使命感就是一切，而这使命感除上帝之外，无人能伸以援手。如果公众固执地对年轻作曲家不屑一顾，那么我们鼓励他们不断努力又有何意义呢？如果让新人来写作剧本中的一幕，那它一定不会成功。两三年后再让他们尝试，结果还是一样。任何剧院——

哪怕它获得的资助是抒情歌剧院的4倍——也无法依靠这些人的创作存活下去。所以剧院会转而求助于已然名声在外的音乐天才，如古诺、费利西安·大卫（Félicien David）[1]和维克多·马塞（Victor Massé）[2]。对此，年轻作曲家立刻大呼剧院背信弃义，开始说三道四。若是剧院选择上演莫扎特和韦伯（Weber）[3]等大师的作品，他们也一样会愤愤不平。然而，即使把一切条件都考虑到，年轻的作曲天才又在何处呢？他们是谁，叫什么名字？让他们去听听《费加罗的婚礼》（Le nozze di Figaro）[4]、《奥伯龙》（Obéron）[5]、《魔弹射手》（Der Freischütz）[6]和《奥尔菲斯》吧……我们将这些榜样树立在他们面前，是在帮他们。

这些被礼貌地邀请去聆听大师作品的年轻作曲家包括比才（Bizet）、德利布（Delibes）[7]、马斯内（Massenet）和笔者。对于我和马斯内而言，倘若能为巴黎歌剧院写作一部芭蕾舞剧，就已经非常满足了。马斯内提议以一个古老的德国故事为蓝本创作一部《捕鼠人》（Rat Catcher），而我则希望依据泰奥菲勒·戈蒂埃（Théophile Gautier）[8]的剧本创作一部《克利欧佩特拉之夜》（Une Nuit de Cléopatra）。巴黎歌剧院拒绝将这光荣的任务交付给我们；而且，当他们同意委托德利布创作一部芭蕾舞剧时也不敢将整部作品托付给他。歌剧院只让德利布写了其中的一幕，而另一幕则委托给了一位匈牙利作曲家。在这次尝试成功之后，巴黎歌剧院才允许德利布独立完成歌剧《葛蓓莉娅》（Coppélia）[9]，那真是一部杰作。但德利布一直想创作一部能充分展现他的才华的大型歌剧，这个梦想却始终未能实现。

比才和我是挚友，我们彼此倾诉所有的烦恼。“你没我这么倒霉，”他曾跟我说，“除了写舞台作品，你还会做其他事情，但我不会，舞台是我唯一的资源。”

比才欢快愉悦的作品《采珠人》（Les Pêcheurs de perles）[10]上演时——还是在有影响力的人帮助下才得以上演——招来了强烈的抗议和辱骂。就算魔鬼本人从地狱爬上来，也不会受到比这更差的待遇了。后来，正如我们所知道的那样，《卡门》（Carmen）[11]得到的反响也差不多。

的确，除了写舞台作品之外我还能做其他事；也正因如此，舞台才向我关闭了大门。我写交响乐，还演奏管风琴和钢琴，

巴黎歌剧院

所以怎么可能写得出歌剧来！当时，钢琴家需要的素质是很不受重视的。比才的钢琴弹得极妙，但他从来不敢公开演奏，因为他担心这会使自己的处境变得更糟。

我向卡尔瓦略（Carvalho）[12]提出，想为维阿尔多夫人写一版《麦克白》(Macbeth)。他当然宁愿上演威尔第（Verdi）的《麦克白》[13]。这次演出彻底失败了，花了他三万法郎。

有位贵妇人是艺术赞助人，他们想激起她对我的兴趣。"啊？"她答道，"他对自己的位置有什么不满意的？他在玛德莲教堂弹管风琴，在我家弹钢琴。对他来说，这还不够吗？"

但对我来说确实还不够。为了扫清障碍，我甚至故意引发了一桩丑闻。28 岁时，我去角逐罗马大奖（Prix de Rome）[14]。他们认为我并不需要这份荣誉，因而没把奖颁给我；但是，颁奖后的第二天，很喜欢我的奥柏让卡尔瓦略给了我一份歌剧脚本。卡尔瓦略给我的是《银铃》(Le Timbre d'argent)。由于好几位音乐家都拒绝接这部剧，他也不知道该拿它怎么办才好。尽管此剧有很好的音乐基础，但是音乐家们也有很好的拒绝理由——脚本有严重缺陷。我要求作者巴尔比耶（Barbier）和卡雷（Carré）[15]做一些重要改动，他们立刻就照做了。然后，我在路维希安（Louveciennes）[16]的山里窝了两个月，给原作的五幕都配上了音乐。

我又等了两年，卡尔瓦略才同意听听这些音乐。在此期间，我一再要求举行试听，这让他们筋疲力尽；最后，他们决定随便应付我一下，因此卡尔瓦略邀请我带上曲谱与他共进晚餐。

晚饭后，我走向钢琴。卡尔瓦略和他夫人分别站在钢琴两边。他们俩都待人亲切、富有魅力，但我没有忘记这友好背后的真正意图。

他们非常清楚等待着他们的是什么。两人都热爱音乐，慢慢就落入了乐曲的魔咒。他们的态度从虚与委蛇转为用心聆听。最后，他们变得极为热情。卡尔瓦略宣布：他将尽快组织乐团开始学习这部作品；这是一部杰作；它将会获得巨大的成功，但要保证成功，必须得让卡尔瓦略夫人唱主角。

当时那个版本的《银铃》的主角是舞者，歌手的角色是次要的。为了解决这个问题，制作方决定强化歌手的角色。巴尔比耶构造了一幕很好的场景，以引入《幸福是件轻飘飘的事》（Le Bonheur est chose legère）一段，但这还不够。巴尔比耶和卡雷绞尽脑汁也想不出解决这个难题的方法；舞台与别处一样，有些问题是无法解决的。

他们一直在试图寻找一位一流的舞者，最后找到了一位。她刚离开巴黎歌剧院，虽然容貌和技艺依旧处于巅峰。他们继续尝试，试图找到一种方法来使埃莱娜（Hélène）[17]一角配得上卡尔瓦略夫人。

这位著名导演对这件事非常狂热：他想要事无巨细地插手自己筹划的每一部作品。即使是已经经过时间考验获得成功的作品也得加上他的印记；而对于新作品，他就有更多理由胡乱篡改了。他会突然宣布必须改变剧情设定的时间或国家。为了自己的妻子，他企图让歌手扮演舞者的角色，这折磨了我们很长一段时间。后来，他又想引入第二名舞者。除了序幕和尾声，剧中的所有情节都是在一场梦里发生的，而他自己居然大胆地想出了一些最离奇的场景组合。有一天，他甚至向我提议引进野生动物。又有一次，他想要砍掉除了合唱和舞者部分之外的所有音乐，剩下的部分都让一个剧团来演。后来，在巴黎歌剧院排练《哈姆雷特》（Hamlet）时，有传言说尼尔森（Nilsson）女士[18]将会演一场水景，他就要求让卡尔瓦略夫人潜到水池底部去寻找那个致命的铃铛。

类似的愚蠢行为持续了两年。

最后，我们放弃了与卡尔瓦略夫人合作的想法，请美丽的施罗德（Schröder）女士[19]来演埃莱娜，随后就开始排练。但是，抒情歌剧院方面的困难使排练中断了。

没过多久，佩林（Perrin）[20]想在巴黎歌剧院上演《银铃》。为了适应这个剧院的大舞台，这部作品需要进行重大修改。所有对话都得改为音乐形式，于是脚本作者就开始着手这项工作。佩林让卡尔瓦略夫人演埃莱娜，富尔（Faure）[21]演斯匹里底翁（Spridion）[22]；但他想让男高音部分滑稽点，就把它交给韦尔泰姆贝尔（Wertheimber）小姐[23]了。他想跟她签约，但又没有其他角色给她演。这显然不可能。作者坚拒这些建议；经过多次讨论，佩林最终向固执的作者妥协了，但我清楚地从他的态度里看出，他不会再上演我们的作品了。

大概在那个时候，杜洛克（du Locle）[24]接管了喜歌剧院。他看到伯父[25]佩林已决定不上演《银铃》，就来请我跟他合作。

这意味着又要对作品进行改编，音乐家又得做大量新的工作，而这绝不是什么容易的活计。在这之前，巴尔比耶和卡雷一直像俄瑞斯忒斯（Orestes）与皮拉德斯（Pylades）[26] 般亲密无间，但现在他俩失和了。只要是其中一个人提出的事，另一个人就彻底拒绝。一个人住在巴黎，而另一个人住在乡下。我往返于巴黎和乡下，想让这对互相为敌的兄弟达成一致。就这样来来回回，持续了整个夏天，最后这对暂时的敌人终于和解，和好如初。

看起来我们的麻烦都要解决完了。杜洛克在意大利找到一位很棒的舞者，我们就指望她了，但最后才发现她根本不是舞者——她是哑剧演员，并不跳舞。

由于那个演出季已经没有时间去寻找另一名舞者，杜洛克为了让我安心，安排我跟路易·加莱（Louis Gallet）[27] 一块写《黄衣公主》（La Princesse jaune）[28]，这是我的舞台作品处女作。我那时已经 35 岁了！这种无伤大雅的小作品收获的却是最激烈的敌意。“前奏曲是用什么调、什么节拍写的，”当时大家都害怕的评论家茹万（Jouvin）写道，“根本没法听出来。”为了向我证明我错得有多离谱，他告诉我，公众现在是“各种立场和阴暗想法的混合体”。他的文章肯定比我的音乐更模糊。

最后，我们终于在意大利找到了一位真正的舞者。看起来似乎没有什么可以再阻止不幸的《银铃》亮相了。“我不信，”我说，“还会有灾难再把我们拖下去。”

战争不期而至！[29]

当这场可怕的危机临近结束时，那名舞者被重新聘用。艺术家们听了分角色剧本朗读，第二天阿梅代·阿查德（Amédée Achard）就放弃了他的角色；他说这个角色应该属于大歌剧（grand opera），超出了喜歌剧男高音的实力。众所周知，他在巴黎歌剧院结束了自己的职业生涯。

现在不得不另找一位男高音，但男高音很稀少，我们找不到。杜洛克为了把他请来的舞者派上用场，就让加莱和吉罗（Guiraud）[30] 即时创作了一部独幕短剧《地精》（Le Kobold），取得了巨大成功。舞者技艺精湛。然后，杜洛克对《银铃》失去了兴趣，后来喜歌剧院就倒闭了。

在历经磨难的同时，我还在创作《参孙》，尽管当时我甚至找不到愿意听我说说这部作品的人。他们都认为我一定是疯了，才去尝试跟《圣经》有关的主题。我在家里举行了一次第二幕的试演，但根本没人能理解它到底在讲什么。虽然李斯特一个音符都没听过，但他依旧鼓励我完成这部作品，并安排在魏玛上演；要不是他的帮助，世人就永远听不到《参孙》了。后来它相继被阿兰齐尔（Halanzier）、沃科贝伊尔（Vaucorbeil）、里特（Ritt）、加亚尔（Gailhard）[31] 拒绝。直到听了令人钦佩的歌手罗西娜·布洛克（Rosine Bloch）[32] 的演唱之后，他们才决定接受这部作品。

让我们回到《银铃》上来。我又夹起乐谱，四处奔走。那时候，维曾蒂尼（Vizentini）[33] 复兴了抒情歌剧院。他上演的

第一部剧作是《保罗与维尔日妮》(Paul et Virginie)[34]，非常成功。他在寻找一部自己喜欢的作品，作为这个演出季的闭幕之作。艺术部的工作人员待我都很亲切，并且对我的不幸遭遇表示同情。于是，他们给抒情歌剧院一笔小津贴，让剧院上演我的作品。于是我空降进了剧院，然后很快就意识到这个身份的不适之处。首先，要找一名歌手；然后，需要一名男高音，他们试了几个人，但一个都不行。后来我找到一名男高音，从所有的背景材料来看，他技艺一流，但是谈了几天之后又不了了之。稍后，我从他那里得知，经理只打算让他表演四场，很明显，这也就是说这部作品也就只能演四场。

最后选中的是布卢姆(Blum)。他嗓音美妙，是个完美歌手，但他当不了演员。他说，他真的不想成为一名演员，他的理想是戴着白手套出现在舞台上。每天都会闹出新矛盾：剧本被删减，不顾我的意愿；我被撇给不服从命令又粗鲁的舞台经理和芭蕾教师(ballet master)[35]，这两人根本听不进我一点哪怕最细微的建议；我还得自掏腰包支付额外费用给舞台两侧的音乐家。他们说我对序幕的舞台布景的一些要求不可能实现——我看到这些布景，还要等到《霍夫曼的故事》(Les Contes d'Hoffmann)[36]上演的时候。

此外，乐队也很普通。必须进行无数次排练——这他们倒没有拒绝我；但他们利用这些机会，到处传播流言说我的音乐无法演奏。一名现在还在世的年轻记者(在此我就不点明他的名字了)写了两则预告，想要搞垮我的作品。

最后关头，导演终于看出来他的做法一直是错的，不过还有可能取得成功。他们在工艺和艺术广场（Square des-Arts-et-Métiers）[37] 的剧院上演过仙境的情境，所以他手头上有一切需要的资源，能给我布置豪华的舞台背景，而不需要很大的开支。卡罗琳·萨拉（Caroline Salla）[38] 女士扮演埃莱娜。她长得漂亮，嗓音优美，演出来必定举世瞩目。但是，原本写给花腔女高音卡尔瓦略夫人的乐段要为歌剧女高音改编，结果很糟糕。因此，他们得出结论，说我不知道怎么写声乐。

尽管经过了这么多波折，这部作品还是大获成功。两颗明星——梅尔基塞代克（Melchissédec）[39] 和目前在巴黎歌剧院担任舞蹈教师的阿德琳·泰奥多尔（Adeline Théodore）——在剧中大放异彩，因而成功也就是自然而然的了。

可怜的维曾蒂尼！自那时起，他对我的看法有了很大转变。经过此事，我们理解了对方，还互相欣赏；所以，这些年来，他已经成了我最好、最忠实的朋友之一。他首先在里昂的大剧院上演我的芭蕾舞剧《雅沃特》（Javotte），布鲁塞尔（Brussels）的皇家铸币局剧院（Monnaie）[40] 本来要上演这部剧，但后来又放弃了。他曾梦想经营喜歌剧院，在那里上演《银铃》，但事与愿违。

我们已经看到法兰西帝国是如何鼓励发展年轻的法国学派的。形势已经有所好转，以前的局面再也没有重现过。但是，不久前有消息透露：法国音乐家抱怨说，为了外国的同行，他们或多或少地被牺牲了；这种观点与旧观念已经不仅仅是相似了。从根本上讲，这就是同一种理念，只不过是换了种形式。

众所周知，要想成为铁匠，就得在锻炉前工作。坐在阴凉里不能让人经历磨炼、提高技艺。如果罗西尼、多尼采蒂（Donizetti）、贝利尼、威尔第生活在我们的政权下，那么我们将永远见不到意大利剧院的辉煌时期。如果莫扎特不得不等到40岁才能上演自己的第一部歌剧，那就不会有《唐·璜》和《费加罗的婚礼》，因为莫扎特35岁就去世了。

强加到比才和德利布身上的政策肯定让我们失去了几部作品——若是这些作品写出来了，到现在，它们应该是巴黎歌剧院和喜歌剧院的压轴节目了。这些不幸之事已不可弥补，对此我们再怎么谴责也不为过。

05
路易·加莱

在《代雅尼尔》(Déjanire)[1]以全新面貌重登巴黎歌剧院的巨大舞台之际，我想回忆一下我的朋友兼合作者路易·加莱。他工作勤奋，是上帝在我最好的年华里为我选中的伙伴，他的支持对我弥足珍贵。出于一些我无从得知的原因，合作创作的做法曾经遭受抨击。批评者说，歌剧应该从像密涅瓦一样无所不通的人的头脑中跳出来。如果有这种神一样的聪明人，那真是再好不过了；但他们很罕见，将来也会一直如此。戏剧及文学艺术跟音乐艺术要求的是不同的能力，一个人通常无法同时拥有这两方面的才华。

我第一次见到路易·加莱是在1871年。时任喜歌剧院经理的卡米尔·杜洛克无法上演《银铃》；在等待好时机的时候(机会最终没有降临)，他让我写一部独幕剧，并提出让路易·加莱跟我合作，但是在那之前我还不认识他。“你们俩注定是要相互了解的。”他对我说。当时，加莱在博容医院(Hôpital Beaujon)

工作，住在圣奥诺雷市郊路（Faubourg Saint-Honoré），离我很近。我们很快就习惯了每天都见面。杜洛克的判断一点儿也没错，我们在艺术和文学方面品味相同。我们都不喜欢过于戏剧化的所有作品，也不喜欢戏剧性不足的、平淡无奇的以及过于夸张的作品。我们都看不起轻易取得的成功，并且还特别了解彼此。加莱不是音乐家，但他很喜欢音乐、懂音乐；他写的音乐评论品味极好，十分难得。

日本当时已经对欧洲人开放。日本是时髦的，人们谈论的都是日本，真是风靡一时。所以，当时我们想要写一部关于日本的作品。我们把这个想法告诉了杜洛克，但是他担心完全日本风的舞台布景可能不会成功，希望我们能弱化日本的部分。我想，正是他提出了将日本风和荷兰风结合起来，《黄衣公主》这部小型作品也正是这样挑选演员的。

这只是开始；在日常谈话中，我们勾勒出了最大胆的计划。那时，主要的音乐会都勇于上演大型合唱作品，现在也还是一样；这极大地破坏了节目的多样性。我们那时认为，法国清唱剧刚刚兴起，只要加以鼓励，就能繁荣发展起来。机缘巧合，我在一本旧《圣经》上读到这么一句精彩的话：

耶和华就后悔造人在地上。

所以，我向加莱提议创作《大洪水》（Le Déluge）。起初他想加入一些新角色。“不用，”我说，“你把《圣经》的故事写成简单的韵文，剩下的全交给我。”我们现在知道，他花费大量心血完成了这项细致的任务，取得了很大的成功。[2] 同时，他给马斯内的《抹大拉的马利亚》（Marie-Magdeleine）[3] 和《拉合尔的国王》（Le Roi de Lahore）[4] 写脚本，这两部作品在歌剧界引起了巨大轰动。

虽说历史歌剧让当时的学校备受折磨，我们对这种形式的戏剧却没有偏见，一直想要创作一部。但是，我不讨剧院经理的喜欢，也不知道该去敲谁的门去请求帮忙。这时恰好我的一个朋友艾梅·格罗（Aimé Gros）当上了里昂大剧院经理，向我求作品。这是个难得的机遇，我们俩抓住了。虽然历经困难，但我们依旧怀着无比的热情创作出了历史歌剧《艾蒂安·马塞尔》（étienne Marcel）[5]。在这部作品中，路易·加莱尽最大努力去尊重历史事实。在一些有名的歌剧中，完全凭空想象出来的行为和思想被加在历史上真实存在过的人物身上；他觉得这并不合理。像其他很多事情一样，我完全赞同他。我的反应甚至更为激烈，根本无法接受为了表现传奇角色而常常采用的古怪情境。对我来说，传说故事——而不是角色——才是有意思的；一旦衬托角色的故事遭到破坏，那么角色本身也就毫无价值了。不过大家都知道，我是个怪人。

我在创作《亨利八世》（Henry VIII）[6] 时，沃科贝伊尔强行要求我跟另外一个人合作。这部剧写完后不久，里特向我求新作。我们正在寻找新主题，这时加莱来到我家，仿佛怕遭到拒绝似的，小心翼翼地向我推荐了《本韦努托·切利尼》（Benvenuto Cellini）[7]。其实我也有这个念头许久了，想要把这部好剧改编成音乐形式。这部剧曾辉煌一时；梅兰格（Mélingue）表演时，在众目睽睽之下塑造了一座赫柏（Hebe）的雕像[8]。因此，我很高兴地接受了这个建议。创作这部剧使我和保罗·默里斯联系上了。我自幼便知道他，那时他正在追求我母亲的挚友格朗热（Granger）小姐——她后来成了他的第一任妻子。保罗·默里斯向我透露了一个秘密：大仲马（Alexandre Dumas）名下的传奇小说《阿斯加尼奥》（Ascanio）实际上完全是他写的。这部作品取得了巨大的成功；出于感激，大仲马提出，他愿意帮助默里斯以这部小说为基础构造出一部剧作，而只署默里斯一人的名字。因而，熟悉大仲马戏剧的人很容易在《本韦努托·切利尼》中发现他的蛛丝马迹。

根据戏剧创作歌剧并不容易，加莱和我遇到了巨大的困难。很快我们就认识到，应该去掉铸造雕像这一有名的场景。歌剧演到这里时，本韦努托已经唱了很久，这幕激烈的场景似乎必定会超过最勇敢的艺术家的能力。从这里可以联系到我们的《普罗瑟碧娜》（Proserpine）[9]。我一直被指责高估了瓦克里，错认为他是天才。说他是天才确实过头了，但是他的确很有才华。他的散文有古典式的精美；他的诗歌尽管有些奇妙段落是读者没有办法喜欢的，但朗读起来音调铿锵有力、内容精致，既风趣又非常有个性。《普罗瑟碧娜》原剧吸引我的是其中包含的内心情感恰到好处，对配写音乐非常有利。音乐可以给予角色不能表达的感情一个宣泄的出口，更强调形象性，让戏剧变得栩栩如生；有些东西是缺少音乐就根本不会存在的，是音乐让它们变得能够被人接受。

瓦克里高度赞赏加莱构造的修道院场景。原作激烈狂暴，这个场景则向其中加入了安静平和的音符。加莱以亚历山大诗体（Alexandrine verse）[10] 写了一首十四行诗，供萨巴蒂诺（Sabatino）[11] 发表爱的宣言时使用。我无法为这首诗谱曲，因为诗句的 12 个音步（foot）[12] 束缚了我，让我无从施展拳脚。我实在想不出其他办法，只好竭尽全力将诗句缩减到 10 个音步，在第 5 个音步那里添加了休止符。修改后，我战战兢兢地拿给我那亲爱的搭档看；果然如我所料，他一下子陷入深深的绝望中。

“这是我作品中的最大亮点，”他说，“我用了吃奶的力气才写出这首十四行诗，现在你却毁了它。”

看他那么绝望，我的勇气也泄了。我之前删减了诗句，现在反过来开始试着加长音乐。然后，我将两个版本都唱给郁郁不乐的诗人听。

奇迹出现了！他听后就完全释然了，两个版本他都喜欢，而且还不知道选哪个好。最后，我们将两个版本结合起来。两节四行诗（quatrain）采用 10 音步，两节同韵三行诗（tercet）用亚历山大体。

工作之外，我们的关系也很融洽。我们两人彼此常以散文和诗歌的形式书信往来，也会用十四行诗互相调侃；他擅长绘画，喜欢给白纸添上五彩的颜色，所以他的来信有时会用水彩画装饰。加莱还为《拉合尔的国王》中的沙漠和《普罗瑟碧娜》里的修道院画了草图。

亚当（Adam）女士创办《新评论》（Nouvelle revue）时[13]，邀请我去做音乐评论家；我觉得不应该接受这个邀请。被我拒绝后，她不知道该找谁。“去找加莱吧，”我向她建议，“他是一名造诣很深的学者。他研究音乐的程度虽然称不上音乐家，但他拥有一颗音乐家的心，这更为可贵。”于是，亚当女士听从了我的建议，之后效果很好。

这期间，在瓦格纳主义的影响下，音乐评论界盛行最激进的理论和最夸张的声言；而加莱则与生俱来地泰然自若，坚持独立。他不但不像其他评论家那样跟风，反而反对他们。不过他不愿不必要地冒犯别人，因而写下的评论文章明显圆滑而谨慎。然而，这对他一点好处都没有，因为这样的文章不会令人感激。圈内人并不赞赏他的文风（鲜有歌剧脚本作家能写出自己的文风），对他的每部作品都充满敌意，这完全有失公正、毫无情面。加莱深切地感受到了这股敌意。他觉得自己不应该受到这样的待遇，因为每部作品他都用心创作，每篇评论都竭力谦恭礼貌。在《黛依丝》（Thaïs）[14]里，他采用了无韵诗，将韵律让予音乐表达，色彩与和谐程度都精妙非凡，但却无人欣赏。这段诗没有半谐音（assonance）[15]，也就没有半谐音给歌剧作品带来的平庸性，反而保留了节奏和铿锵有力的音响，这又和散文截然不同。那时候，人们都称赞阿尔弗莱德 · 恩斯特（Alfred Ernst）[16]的胡言乱语，但他的作为不光侮辱了法语，也同样侮辱了他竟然胆敢翻译过来的那些杰作。加莱在《代雅尼尔》中同样采用了无韵诗，尽管在这部剧里是否应该使用这种文体有待商榷，但他技巧惊人，处理得非常完美。现在，《代雅尼尔》已经配上了音乐，到处洋溢着美的气息。

加莱做过医院的财务主管，然后又经营医院，所以他很大一部分时间都花在了行政事务上。然而，他依旧创作出了大量作品。他创作过不少于 40 部歌剧脚本、戏剧、传奇故事、回忆录、小册子和不计其数的其他文章。我真不知道该如何恰当地评价他：他天性善良、待人忠诚、小心谨慎、幽默风趣、创意非凡、清醒理智、天资聪颖，留意一切不同寻常和有趣的事情。

曾几何时，在拉里布瓦西埃（Lariboisière）[17]，在加莱喜爱的大花园里，我们在藤架下用餐、畅谈。我常给他带植物种子，他就拿来做一些有趣的植物实验。

有段时间他病得很严重。他的妻子——她简直就是个圣人——无微不至地照料他，而他也以圣人般的耐心熬过了一段漫长痛苦的时间。他眼看着自己的绝症越来越严重，却像古代先贤那样坚忍，对这不治之症不抱任何幻想。虽说他患的是慢性病，但疾病最终肯定能让他早逝。他最大的麻烦是听力越来越差。1899 年，贝济耶竞技场（Arènes de Béziers）[18] 第二次为《代雅尼尔》打开了大门，而此时病魔已经严重摧残了加莱的身体。他什么都不顾了，哪怕病痛会让旅行痛苦不堪，也坚持要去再看一次自己的作品。然而，他什么都听不到了——艺术家的演唱他听不到，合唱团的合唱他听不到，甚至连热烈要求返场的几千名观众的掌声也听不到。没多久，加莱去世了。他的离去在朋友的心中和合作伙伴的工作台上留下了无法填补的空白。

06
歌剧中的历史和神话

已经有很多文章讨论歌剧是应当从历史还是从神话中选材的问题，直到现在这个问题仍然悬而未决。在我看来，如果从来没有人提过这个问题反而更好，因为答案并不重要。真正值得讨论的是乐曲是否美妙、作品是否有趣。但是《汤豪瑟》（Tannhäuser）、《罗恩格林》（Lohengrin）、《特里斯坦与伊索尔德》（Tristan und Isolde）和《齐格弗里德》（Siegfried）[1] 出现了，这个问题也就随之而来。一些人告诉我们，这些神话故事中的英雄能够被赋予历史人物永远无法拥有的声望。他们的事迹失去了意义，但是我们能够设身处地地感知他们的感受和情绪，这对歌剧来说大有裨益。然而，这些作品之后，《纽伦堡的名歌手》（Die Meistersinger von Nürnberg）的汉斯·萨克斯（Hans Sachs）[2] 登台了。尽管他并不是神话人物，但仍然是个不错的角色。不过，在这部歌剧中，情节倒不怎么重要，因为观众的主要关注点在于情感——似乎音乐的神圣语言只应表达情感。

的确，音乐能够简化戏剧情节，也让情绪、情感和激情得以自由表达和演出。除此之外，音乐令哑剧场景也富有意义（没有音乐，哑剧就无从谈起了）；音乐本身在哑剧中也显得更为流畅。但是，并不是说音乐非得靠这些条件不可。音乐是灵活多变的，有用之不尽的资源。给莫扎特《魔笛》（The Magic Flute）[3]之类的神话故事或者像《费加罗的婚礼》一样活泼的喜剧，他就能毫不费力地创作出不朽的杰作。

历史和神话之间是否有本质区别，是有待商榷的。历史是由可能已经发生的事情组成的，而神话是由可能未发生的事情组成的。历史中总穿插着神话，而神话中也折射出历史。神话只不过是历史的一种古老形式；每个神话故事都根植于事实。因而，我们必须从神话故事中寻求这种事实，正如尝试用古代遗留的遗骸为基础重塑已经灭绝的动物。通过普罗米修斯（Prometheus）的故事，我们知道了火是如何发明的；通过刻瑞斯（Ceres）和特里普托勒摩斯（Triptolemus）[4]的爱情故事，我们了解了犁是怎样发明的、农耕又是怎样开始的。阿尔戈船英雄（Argonauts）的冒险故事[5]向我们展示了人类最初的航海探险及金矿的发现。探索寓言背后的真实故事的研究资料汗牛充栋，神话中最离奇的情节也得到了解释，甚至包括奥维德（Ovid）诗意地描述的变形[6]。

历史与神话相结合，就有了宗教著作。每个种族都有自己的著作，我们的是《旧约》和《新约》。很多人认为这两本书是神话故事；还有很多人——就是信徒们——则认为它们记载的是历史，一段神圣的历史，是唯一真实、不容许任何质疑的历史。想要证据的话，就想想许多年前，英国国教的一名牧师布道时居然说伊甸园中的大蛇并不真实存在，只是个象征符号——之后就被高级教士申斥。

教会当局这么做是对的。基督教教义基于救赎：上帝托生肉身、牺牲自己来清除人类的原罪，为他们打开天国之门。原罪就是亚当的堕落：夏娃听了蛇奸诈的建议落入圈套之后，亚当也步夏娃的后尘，违背上帝的禁令，偷尝禁果。如果没有伊甸园、蛇、禁果，那么整个基督教教义就坍塌了。

再看看世俗历史。随便翻开一部历史作品，就能发现历史事件是以似乎不容置疑的口气记载的。但是，同样一段历史在另外一名史学家笔下就会变得面目全非。之所以会这样，是因为史学家们几乎从来不会和历史这位巨人角力，除非受到某种先入之见或一般性概念的鼓舞，又或者这位作者想建立一套系统。并且，不管是否有意，作者都会从对自己的先入之见有利的角度来看待这些事实，按自己的意愿提升或者降低它们的重要性。于是，不管作者洞察力有多强、有多么想要发现真相，最终也不一定能实现愿望。正如在其他领域中一样，历史的绝对真相总是逃脱人类的掌握。路易十四、路易十五、曼特农夫人（Madame de Maintenon）、蓬帕杜尔夫人（Madame de Pompadour）、路易十六，甚至包括拿破仑和约瑟芬（Josephine）[7]，这些人距现在相去不远，但他们已经类似于神话人物了。《玛丽昂·德·洛尔姆》（Marion de Lorme）[8] 中路易十三的形象一直到近期都显得十分准确，但是最近的发现说明真实的他其实大不一样。

拿破仑三世好像昨天还在执政，但他在人们心中的形象已经大不相同了。我在他在位期间度过了整个青春时期；在我的记忆中，他既不是维克多·雨果笔下的魔头，也不是现今的故事中记载的仁君。

关于1870年战争的导火索已经有了大量讨论。危机爆发前夕各方的言行广为人知，但是又有谁真正知道那些君主、部长和大使心中的秘密呢？世人能否得知，是皇帝激怒了格拉蒙公爵，还是正好相反？[9]他们自己真的知道吗？即便是最有洞察力的历史学家也无法触及这一点——也就是人类灵魂的深处。

然而，我们倒是可以了解坟墓的秘密。很长一段时间以来都有消息称，伏尔泰（Voltaire）和卢梭（Rousseau）的遗骸被人挖出，遭到亵渎，又被丢入下水道。对此，维克多·雨果做过精彩描述——也只有他能写得出那样的文字。某天，人们突然对这件事生疑了。很长一段时间后，人们决定查清楚这件事，最后打开了两位伟人的棺椁。两位伟人都依旧在里面平静地享受着长眠。那件事从未发生，它的历史只是神话。

维克多·雨果在这件事里的表现应该特别提一下，因为如此才华横溢的巨人也会轻信传言，让人震惊。他相信最不可思议的事情，比如说他相信路易十四的双胞胎兄弟“铁面人”（Man in the Iron Mask）[10]是存在的；他也相信存在用腕足进食的无嘴章鱼；有传闻说日本人用猿和鱼造出了海妖，他也相信这是真的。他相信海妖存在倒也情有可原，因为法国科学院（Académie des sciences）[11] 也曾相信过一小段时间。

如果所谓的历史和神话如此相近，甚至很多时候两者都难以分清，那么传奇和历史戏剧中完全虚构的事件就一定要有史实依据吗？在书本中和舞台上，加到历史人物头上的大段对话又应该怎样看待呢？安排给这些历史人物的行为不需要在历史上真实存在过，只要看起来像是这样就可以了，我们又该怎么看待这种观点呢？从各方面来讲，这些作品要是加上点超自然元素，也能算是神话作品了。

现在，超自然元素在音乐中得到了很好的表达，音乐也从这些元素中汲取了丰富的资源，但是它们绝不是不可或缺的。音乐最重要的是必须得有前所未有的感情和激情，还要将这两者通过我们所说的“情景”表达展现出来。那么除了历史，我们还能从哪儿找到更多、更好的情景呢？

从吕利时代到 18 世纪末，法国歌剧都是传奇式的，也就是说，人物性格带有神话色彩，并且没有为了避免意外而囿于描写外在情绪和内在情感，尽管表面上看起来还是颇有局限。当时歌剧创作真正的要旨是在寓言中寻找呈现奇观的材料；而如我们所知，悲剧就不是这样，因为舞台上挤满演员时，再展现奇观就相当困难了。然而，歌剧跟悲剧相反，能自由变化，驾驭巨大的舞台，去追求众神出现、光环笼罩的壮丽场景；实际上，所有这些都能放入舞台布景中。如果剧作家没有采用史实，那就是因为史实尚未被创造出来。最终，当我们厌烦一切时，剧作家也就腻味神话了。众所周知，此时的音乐创作开始采用历史作品，并在舞台上获得了成功。这种创作套路所向无敌，直到《恶魔罗勃》(Robert le Diable)[12]悄悄地带回了传奇元素，而后里夏德·瓦格纳的作品使传奇元素完全取胜。

同时，《胡格诺教徒》(Les Huguenots)[13]继承了《恶魔罗勃》的风格，近半个世纪以来都是历史歌剧中一颗特别璀璨的明星。即使在现在，尽管其传统大多已被遗忘，其技巧也不如后来的作品，但这部值得纪念的作品依旧会光芒闪耀，宛如夕阳，出人意料地辉煌灿烂。热爱它的几代人并不是完全错了。人们没有必要因为不懂舞台的罗伯特·舒曼不欣赏它的价值，就认为这部卓越的成功作品失败了。令人惊讶的是，柏辽兹对它的评价与舒曼并不截然相反。只是柏辽兹在其著名的配器法论文中表明了他对《胡格诺教徒》的热爱。

大众并不关注创作技巧上的辩论，依旧忠实地追捧这部曾经很成功的作品。尽管基于传奇的歌剧逐渐取得了成功，但是依旧有人喜欢基于历史背景的歌剧。这种喜爱并非毫无理由，因为一位权威的评论家说过："历史剧可供情感进行抒发的空间远远超过大部分粗制滥造的神话剧脚本；而作曲家完全相信，给这类神话剧的烂脚本谱曲能让拜洛伊特(Bayreuth)的圣灵降临到他们身上[14]，结果浪费了自己的才华。"

如果他们的神按照自己的本意，将腓特烈一世(Frederick Barbarossa)[15]的功绩改编成戏剧，而没有转而求助北欧神话的话，那么他们做梦也想不到要走神话这条路。瓦格纳年轻时并不反对历史剧，因为他曾称赞过《波尔蒂契的哑女》（La Muette de Portici）、《犹太女》（La Juive）和《塞浦路斯女王》（La Reine de Chypre）[16]。尽管他承认《塞浦路斯女王》的脚本作家已经尽力写出优美的段落了，还是对该剧脚本提出了一些中肯的批评。

“阿莱维值得我们高度赞扬，”他写道，“因为很多跟他同时代的人都经不住诱惑，盲目依赖歌唱家的天赋，收获轻易得到的掌声；而他却能坚决抵制这种诱惑。相反，他要求手下的艺术家——即便是最有名气的——都要屈服于缪斯女神赐予的崇高灵感。他之所以能够做到这一点，是因为他知道如何控制住戏剧化的旋律，使作品简单朴素。”

这是里夏德 · 瓦格纳在 1842 年对《犹太女》的评论。

幸好，我们不再要求歌剧具有神话色彩，因为如果还要坚持这种要求，就不得不去批评一些著名的俄国歌剧，而这是绝对不可能的。然而，对处理方法的争论并未平息。这个问题比较复杂；一种处理方法得到认可，另一种却得不到，很难讲出其中的道理。

现在，我要为我的《亨利八世》稍作辩解，这可能看上去不是那么合适。我并不是要为剧中的音乐辩护，也不是要反驳它引来的批评，因为并没有人提出过批评。但是，或许我能够谈谈作品本身，讲讲音乐是如何为其改编的。

在评论界看来，似乎整部《亨利八世》都过于肤浅、缺乏深度、流于表面。角色的灵魂没有被表现出来，国王刚开始时非常和蔼可亲，突然间就变成了恶魔，而这个转变没有任何铺垫和解释。

在这一点上，我们应该参考《鲍里斯·戈杜诺夫》（Boris Godunov），因为这部历史剧很适合它的音乐。[17] 我对它非常感兴趣，我在此剧中听到了愉悦而又震撼的篇章，但是其他人感受就没我这么强烈。在某个场景中一个不起眼的修道士，到下一个场景就突然变成了国王。更有一幕完全由礼仪游行、铃铛声、流行歌曲和耀眼的服饰组成。还有一个场景，一名保姆正为她照顾的孩子讲动听的故事，突然响起了一首爱情二重唱，既没有引子，又跟剧情发展没什么关系；随后是夜间游乐，让人难以理解；最终是葬礼场景，恰利亚平（Chaliapin）[18] 表现得非常好。

他们抱怨说，在《亨利八世》中找不到人物的内心世界、心理活动、引导介绍和解释说明——如果连我自己都找不到所有这些问题，那就不是我的错。

“致亨利八世，”该剧开篇，旁白便如是陈述道，“没有什么是神圣的——友谊、爱情和他说的话都不是——邪恶是他那些疯狂念头的产物。他既不懂法律，也不懂正义。”一小会儿之后，国王一边微笑，一边把圣水递给前来觐见的大使，乐团通过重复演奏之前场景的音乐来展示他的想法。从头至尾，这部作品都是以这种方式写成。但是，讨论这些细节的论著并未交给公众；与现在流行的做法不同，诸如重罪、残忍、欺骗之类的主题没有得到着重强调，因而评论家声称看不到这类主题，也是能够理解的。

他们说，整部剧没有一幕场景或一个词展现亨利八世的灵魂。我要问，亨利和凯瑟琳（Catherine）[19]两人在一起的那个伟大的场景也没有展现他的灵魂吗？这一段中，他像猫玩老鼠一样玩弄她；他将自己想要摆脱她的欲望隐藏在宗教顾虑之下；他不断卑鄙无情地对她含沙射影，甚至在最后一个场景里还有残酷的伪善。很难理解为什么会有人认为亨利八世所有的激情和感情都没有在剧中表现出来。实际上，俄国歌剧的脚本也没有表现得更好，基于神话的歌剧也是如此。

让我们继续前面的话题。从歌剧角度来讲，神话在一方面占有优势——创造了不可思议的效果。但是，其他的神话元素反而会给歌剧带来困难。子虚乌有的角色无法获取观众的信任，作者也就无法让它们充满趣味。有时候人们认为它们能支撑起音乐和诗歌，事实并非如此。相反，音乐和诗歌却能让神话变得像真实存在过一样。要不是伴奏的美妙音乐，我们无法容忍悲伤的沃旦（Wotan）[20]那没完没了的絮叨。要不是格鲁克知道如何让音符甫一奏响就抓住听众，我们就不会被奥尔菲斯（Orpheus）为尤丽迪茜（Eurydice）的悲泣[21]所深深触动。要不是莫扎特的音乐，《魔笛》中的木偶就会黯然失色。

实际上，应该让音乐家根据自己的性情和感觉来为歌剧选择主题和音乐动机。当下，很多年轻作曲家迷失了方向，问题就在于他们认为创作必须得墨守成规，而不是追随自己的灵感。所有著名的艺术家都敢于蔑视评论家，其中以杰出的瓦格纳为甚。

既然提到了里夏德·瓦格纳的青年时代，我想借此机会透露一个他作品中的秘密，这只有我知道。瓦格纳年轻时，我还是个孩子，那时我时常去看巴黎音乐院音乐会协会的演出。那时的定音鼓手有个古怪的习惯，就是抢在乐队其他乐器之前进入节拍。其他乐器开始演奏时，这种演奏方法产生的效果连作曲家也无法预料，也一定会受到批评。但是，这种效果与众不同，我认为也许可以加以利用。里夏德·瓦格纳那时候住在巴黎，时常去听著名的音乐会。毫无疑问，他注意到了这种效果，并且将其应用到了《浮士德序曲》(Faust Overture) [22] 中。

07 为艺术而艺术

艺术是什么？

艺术是神秘的——它只对特别的感官做出反应，而这种感官只为人类所特有。通常，这种感觉被称为审美感，但是这个说法并不确切，因为“审美”意味的是对美的事物的感觉，但是具有审美价值的事物却不一定都是美的；称之为格调感可能会更好点。

有些野蛮种族有这种格调感，因为他们的武器和日常用具展现出了卓越的格调品味；而当他们接触文明后，这种品味就消失了。

提到艺术，你也许认为只包括高雅艺术和装饰艺术，实际上音乐也应该包括在内。

如果我说鲜少有人懂得音乐，大多数读者都会惊讶。像维克多·雨果说的那样，大多数人只当音乐是艺术呼出的气体，供耳朵享用；就像香味对嗅觉一样，只是很模糊的感觉的一个源头，必然像其他所有感觉一样不成熟。但是音乐艺术完全不是这样。这种艺术通过乐器展现出线条、立体感和颜色，所有这些组成了一个理想的世界。有些人跟笔者一样，自童年时期就生活在这个世界中；有些人通过教育认识到了这个世界的存在；还有很多人从来就不知道这个世界。此外，较之其他高雅艺术，音乐艺术的变化更多。音乐艺术是所有高雅艺术门类中最神秘的，尽管其他艺术也显而易见地颇具神秘性。

艺术的首次展示是人类尝试复制物体。这种尝试可以追溯至史前时期。但是原始人类这么做的时候在想些什么呢？他想要用线条记录下来对象的轮廓，把与记录对象相似的形象保存住。而轮廓和线条在自然界中都不存在，艺术的所有哲理都存在于那粗糙的绘画中。虽然艺术回应了人类精神上的一种特殊、难解的需求，从而创造了一些大为不同的东西，但艺术的根基还是在自然界。因此，要让艺术家忠于事实，真是再荒诞不过了，也只会是徒劳。艺术绝不可能是真实的，尽管它也不应该是假的。它应当给出艺术的诠释，来满足我们提到过的格调感，从而达到艺术上的真实。当艺术满足了这种格调感时，艺术表现的目标就达到了，再也不能要求更多了。但是，它并不是曼恩（de Mun）[1] 所说的“无产出的聪明人进行的徒劳努力”；它是满足合理需求的尝试，而这种需求是人类本性中最高尚、最值得尊敬的，这就是人类对艺术的需求。

如果是这样的话，我们为什么还要求艺术有实际用途或有道德意义呢？艺术以自己的方式体现了实际用途和道德意义，因为它激起了灵魂中高尚诚实的感情。这是泰奥菲勒·戈蒂埃的观点，但维克多·雨果并不赞成。雨果曾说：太阳很美，也有用。这样说是没错，但是太阳并不是艺术的客体。此外，雨果曾写过一些诗，它们除了华丽的描述或令人赞叹的想象力外空无一物——他这样自相矛盾有多少次了？

然而，我们是在讨论艺术，而不是文学。文学中，诗歌可以称得上艺术，但是散文称不上，虽然有些伟大的散文家笔下的段落优美和谐、表达栩栩如生。他们赋予了自己的作品艺术性，但是散文本质上仍然不是艺术。所以，如果不算粗鲁的无理言论的话，对诗歌来说不道德的语句到了散文里就不会不道德，因为在诗歌中艺术遵循自己的规则，而且形式超越了主题。这就是为什么伟大诗人苏利·普吕多姆（Sully Prudhomme）[2] 想要写得具有哲学意味时，更偏爱散文而不是诗歌——因为诗歌的形式大于内容，他担心写成诗歌的话他的观点不会被认真对待。这也解释了为什么父母愿意带自己年轻的女儿们去听歌剧；但是同样的作品上演时如果没有音乐伴奏，他们就会被带孩子去看演出这个念头吓到。会有哪个基督徒为《犹太女》而震惊？又有哪个天主教徒会被《胡格诺教徒》吓跑？

因为散文远远谈不上艺术，所以不适合改编成音乐，然而时下这种不协调的搭配倒是很流行。在诗歌界，有人试图更加强调艺术感，只考虑形式，写出来的诗句完全没有意义。但这只是一时的潮流，持续不了多久。

以前，曼恩说过：

人们不允许写作者保持中立；但就我看来，艺术就是提出观点。如果不是这样——假如艺术只从自身出发，局限于形式上的考虑和对美的崇拜，而不关心它所引来的事件和思想，那么对我而言，这种艺术不比无产出的聪明人进行的徒劳努力好到哪儿去。

如果只考虑散文的话，这位杰出的演说家完全正确，但是考虑诗歌的话我们就不敢苟同了。

维克多·雨果在他那首美妙的颂歌《七弦琴与竖琴》（La Lyre et la Harpe）[3]中，让异教和基督教面对面轮流对话，诗人在最后一节似乎承认双方都对，但这并不妨碍这首颂歌成为杰作。这在散文中是不可能的，但是在这篇作品中，诗歌光芒四射，势不可挡。

为什么像维克多·雨果这样的天才、杰出人士、思想家和渊博的评论家都不愿意承认艺术是对某种感官做出回应的特殊实体呢？就算艺术能奇迹般地适应各种情况，就算艺术能符合道德和激情的戒律，它也仍然是能自我满足的——艺术的伟大就存在于它的自我满足中。

塞巴斯蒂安·巴赫的《优律钢琴曲集》的第一首序曲未表达什么内容，但它仍然是最伟大的音乐作品之一。米洛的维纳斯（Venus de Milo）[4]也没有表达什么内容，但它仍然是最伟大的雕塑作品之一。

我要在这里再说一句实话：为了符合道德标准，艺术必须对那些对艺术有感觉的人有吸引力。艺术家眼中只有美的形式，而粗俗的人却只能看到裸体。我曾亲眼看到，一位好人在看到安格尔（Ingres）的《泉》（La Source）时异常震惊。

道德不必体现艺术性，所以艺术跟道德也没有任何关系。两者各有其职能，并且都以各自的方式发挥着作用。道德的最终目的就是道德；艺术的最终目的就是艺术，并无其他。

08 通俗科学与艺术

勒内·巴赞（René Bazin）[1] 巧妙地勾画了巴斯德（Pasteur）的辉煌事业。在法兰西的荣耀中，最没有争议的无疑就是巴斯德了；正是因为有巴斯德这些人，法国虽然经历种种挫折，但仍然得以保持世界一流国家的地位。

巴斯德的运气出奇地好。很多学者只追求真理，不考虑实际应用，他们得熬上漫长的岁月才能看到自己的发现派上用场；而巴斯德的发现立刻就有了用处。因而，不懂科学的大众——虽然这些科学研究其实是为了他们的福祉——都很赞赏巴斯德的工作。他为国库节省了数百万的开支，拯救了上万人的生命。

巴斯德和波谢（Pouchet）[2] 之间进行的一场关于“自然发生说”（spontaneous generation）的争论很值得纪念，大众也是从这件事中知道了巴斯德的名字。其实在此之前，他在科学界就已确立了显赫的地位。当时的舆论大多支持波谢。人们拒绝相信，封闭罐子中大量繁殖的那些有机体或特定条件下长出的霉菌不是自发形成的。那个时代的青年在这个问题上表现得很狂暴。

我经常被问起“你支持波谢还是巴斯德？”我一贯的回答是“我将支持能证明自己正确的那个人”。我觉得任何这类问题都不能根据先入之见通过推理来解决，但我必须承认，朋友中没人跟我观点相同。

我们现在知道巴斯德是如何靠耐心和天赋取得惊人胜利的。他向我们展示：我们周围的空气中存在着数以百万计的生殖细胞，一旦其中一个发现合适的环境，一种生物就会出现，随后它又会产生其他生物。“被召的人多，选上的人少。”[3] 这条规律看似不公平，但却位列大自然的众多伟大法则之中。

巴斯德可以称得上造福苍生。他的发现对社会所有阶层都有很大益处，所以他应当很受大众欢迎才对；但恰恰相反，他非常不受待见。当时的重要评论家们受一些无法解释的情绪影响，一直在同巴斯德开战。经过几年辛苦研究，巴斯德终于敢宣布自己的观点了。他遵从人性的指令，认为不管各种疾病能否治愈，人们都应该接受。于是评论界借机传播一份报告，说他的疗法不但不能治病，反而会让人患上本应由这种疗法治愈的疾病。大众被激怒了，他们甚至举办庞大的群众性集会来反对巴斯德。路易斯·米歇尔（Louise Michel）[4] 在这场集会上演讲，她一如往常，激情澎湃，在疯狂的掌声中喊出这句她没资格讲的评论：“科学问题应该由大众来解决。”

那时人人都在谈论微生物，一条林荫大道边的一家商店甚至宣布举办微生物展览。他们借助所谓“日光显微镜”，将生长在脏水中的微小动物、蚊子幼虫和其他昆虫放大到适当大小，投射到屏幕上。它们同微生物的关系就跟大象和跳蚤的关系一样。我走进那个店里，看到一些普通人带着妻子非常认真地看展览，他们真的相信自己看到的就是著名的微生物。我身边有一个人，一副博学的样子，说：“科学下一步还有什么不能做的？”

我很生气，竭力控制情绪不把下面的话说出口：“他们在骗你。他们展示给你的不是科学，最多只能算是科学入口处的接待室。我会对那些蒙骗天真善良的百姓的人说：你们只能算是欺世盗名之徒。”

但我什么都没做，因为那只会让别人把我轰出去。不过我对自己说——现在依旧这么说——“为什么不去启蒙这些人呢？他们显然想要追求光明”。教给他们科学是不可能的，但应该至少让他们理解什么是科学，因为现在他们对科学一无所知。在这个时代，他们不停地讨论权利，要求提高工资、减少工作量，但他们却不知道有一些风华正茂的年轻人过着动荡不安的生活，日夜工作，不想要个人利益，只希望能探索出将来或许能造福人类的新发现。他们不知道，自己无忧无虑地享受着文明带来的所有益处，都是思考者长期艰辛繁重工作的成果，然而这些人却被他们看成闲人、空想家，靠压榨劳动人民积累财富。总而言之，应该有人给他们上上课，教他们去尊重值得尊重的人和事。

没错，确实有科学会议，但是那都是些很严肃的聚会，只能吸引少数优秀的人。应该举办能让每个人都感兴趣的科学会议，而为了使科学会议更有意思，我们应该使用电影和音乐会。

这样就又进入了艺术的领地。我们不仅要教会大众科学，还要教会他们艺术，但是后者更为困难。

现代人没有艺术底蕴，而希腊人有，欧洲入侵前的日本人也有。具有艺术底蕴的民族不会去关注“艺术器物”，因为在他们那样的环境中，艺术无处不在。有艺术底蕴的民族不会梦想去创造艺术，就像优雅的贵族不会特意去展现某种特别的行为方式。特别性存在于哪怕最细微的习惯中，他们自己都不会意识到。因而，在有艺术底蕴的民族中，即便是最普通、最不起眼的器物也是有品味的。而且，这种品味完美地同这件器物的用途相符。它大小适当、线条纯粹、形态优雅、制作精美，最重要的是富有意义，完全适合它的用途。在我们这个国家，当有人强烈批评某些器物丑陋、庸俗时，得到的回应是：“可它们多便宜啊！”就好像器物中的品味和良心一文不值一般。不过，对艺术的感受力是天然存在于人性中的：原始人的武器很美；史前石器时代的斧头轮廓也很完美。因而，不需要在人们心中创造出感受艺术的能力，只需要唤醒这种能力。

音乐在当代世界中的地位非常重要，因而我们应该从感受音乐开始。有很多美妙的音乐，它们易于理解、符合艺术规范，人们应该听这种音乐，而不该借着满足个人爱好的理由，往耳朵里灌输那些吓人的货色。最能打动人的是有情感的音乐，但这种情感不是无病呻吟；相反，它们应该像草地上的雏菊一样自然而然地生发出来，让人在喜歌剧的天地里感受到清新迷人的空气。的确，它不是什么极其高雅的艺术；然而，和过于频繁地在咖啡厅里演奏的音乐相比，这可以算得上是优美的音乐，更能称得上是高雅的艺术了。我并非不知道那些场所雇请的都是有才华的人，但是，和美妙的作品相比，人们平时听到的音乐是多么可怕啊！而且，要是在其他地方，都没有人愿意听他们的器乐曲目！

每次有人尝试提高标准，请来一些真正的歌唱家、演奏家后，听众人数都增长了。但是常常发生的情况是，经理借着满足大众品味的幌子来满足他们自己的品味，即使在剧院也是如此。毫无疑问，这种举动非常符合人性。我们用自己的想法来衡量别人。

有一次，一位著名的剧院经理指着空空如也的观众席，对我说："大众真让人摸不透。给他们的是他们喜爱的东西，但他们却不来！"

一天，我正在一个花园散步，花园里有个音乐台，台上的音乐家们正在演奏某种音乐。人们漠不关心，聊着天走过音乐台，一点儿都不注意那种音乐。突然，响起了贝多芬《d小调交响曲》[5]那令人愉悦的行板的开始几个音符——如同春天里的花儿一样精致芬芳。此时，所有散步、聊天的人们都停了下来。他们站在那里一动不动，在一种宗教般的肃静中听着这首壮美的乐曲。音乐结束后，我走出花园，在入口处听到一位经理说：

"看见了吧，他们不喜欢那种音乐。"

从此，花园里再也没演奏过那种音乐。

09
音乐的无政府状态

音乐和人类的本性一样历史悠久。我们能够从原始部落的音乐中一窥它的最初形式。那时的音乐只有几个音符和最基本的旋律，伴奏是扬抑的敲打；甚至有时只有同样简单的节奏，没有任何伴奏——什么其他音乐都没有！后来旋律得以完善，节奏变得复杂。随后希腊音乐出现了，而关于希腊音乐我们所知甚少；东方和远东地区的音乐也出现了。

我们现在所理解的“音乐”发端于中世纪时人们对和声的尝试。试探的道路艰辛而困难，而摸索的不确定性及发展的缓慢程度让我们很惊奇。因而，记谱也过了好几个世纪才变得精确，但音乐法则慢慢地变得明晰详细起来。多亏了这些法则，16 世纪的作品才得以面世，它们高度纯粹，拥有深刻的复调。严厉死板的法则下产生的艺术如同原始绘画一样：几乎完全没有旋律可言，有的话也就是舞蹈配乐和流行歌曲曲调那个层次。但是，也许在那个时代，用不上什么深刻知识的舞蹈配乐是采用同样的复调风格谱写的，跟牧歌（madrigal）[1] 和宗教音乐一样僵硬而精确。

我们知道流行歌曲渗入了宗教音乐，而帕莱斯特里纳（Palestrina）[2] 的伟大改革把它们赶了出去。然而，如果我们想象流行歌曲天然地就属于宗教音乐一类，那么还是能略略看出一点它们扮演的角色。以众所周知的曲调《月光下》（Au clair de la lune）[3] 为例，可以把每个音符都变为全音符，让男高音唱，而其他声部都以对位法与之唱和，再看看这首歌会给听众带来什么感觉。《武装的人弥撒曲》（La Messe de l’homme armé）[4] 的问题完全是音乐理论导致的。

关于这些圣歌、弥撒曲和牧歌，如果没有任何对它们的时代背景和着重之处的指示，那么我们全然无法得知它们当时是如何演奏的。在帕莱斯特里纳的《圣母悼歌》（Stabat Mater）的开头几个小节中我们看到了一些感情指示，但这种指示非常稀少。它们仅仅是破晓时的第一缕阳光，离带有感情的音乐到来之日还有很远。一些好心的学者努力把这种音乐和我们的音乐挂上钩，而我们惊奇地发现，在几种现代版本中，一些“极富感情”（molto espressivo）的标记似乎只是美好的猜想。在这种完全和谐的音乐中，四度音程会被认为是不和谐，而减五度就是魔鬼的颤音。这种音乐本来就站在感情表达的对立面。《马塞勒斯教皇弥撒曲》（Missa Papae Marcelli）[5] 中的《垂怜经》（Kyrie）[6] 没有任何地方给人以祈祷的印象，除非用力度表现出重音；而这样处理其实没有什么真正的理由。

感情和属七和弦一起出现，所有现代和声也都是在属七和弦的基础上发展起来的。这一发明被归在蒙特威尔第（Monteverdi）名下。然而，不管谁说过什么，属七和弦在帕莱斯特里纳的《赞美歌》（Adoremus）中就出现了。人们花费了大量笔墨来讨论这个问题，有些人肯定这一点，然而另外一些人——不论怎么看都为数不少——否认这个著名的和弦的存在。含糊其词是行不通的。属七和弦是一种由四个声部同时发声组成的和弦，持续一个小节。确定无疑的是：帕莱斯特里纳抛开规则，有了新发现，而他自己却没有意识到其重要性。

随着七度音程的引入，新纪元开始了。如果认为规则被颠覆了，那就大错特错了；相反，因为新情况需要，又有新的规则添加到旧规则中去。音乐家学会了如何转调，从一个调转换到相邻的调，最终转换到离得最远的调。在费蒂（Fétis）[7] 写的和声学论著中，他对这个进化过程做了很好的研究。不幸的是，他的学问没有和深层次的音乐感觉结合起来。例如，他给莫扎特和贝多芬挑了错，但其实这些地方完全只有优美，而无知的听众——如果那人天生具有音乐性——也能毫无困难地体会到这种优美。费蒂不理解没受过教育的人犯的语法错误和帕斯卡（Pascal）发明的新句法之间的天壤之别。

无论如何，费蒂向我们全面展示了音乐的进化概况，一直到他所称的“全调性系统”（omnitonic system）——这个词恰如其分。迄今为止，只有里夏德·瓦格纳达到了这个高度。“在全调性系统之后，”他说，“我觉得不会有什么别的了。”

他没有预见到无调性系统（atonic system）[8]，但我们现在走到了这一步。再也不用向旧规则里面添加随着时代和经验自然形成的新规则了，只须抛弃所有的规则和限制即可。

“每个人都应该创造属于自己的规则。音乐是自由的，没有表达限制。没有完美和弦、不协调和弦、错误和弦。音符无论怎么组合都是合理的。”

这就是所谓的品味的发展。他们真的相信这套说辞。

在这个系统下培养起音乐品味的人不像尝一种葡萄酒就能说出其年份和产地的人，而像另外一种人：他们对年份和产地之类的完全漠不关心，不论是好葡萄酒还是坏葡萄酒，是白兰地还是威士忌，他们都能一饮而尽，并且喜欢最烧喉咙的那种酒。在沙龙里展出作品的人不能在帆布上细致地描绘出协调的色调，而会将朱砂和维罗纳绿并列使用。拥有“发展完善的品味”的人并不知道如何在各个调之间转换，从而创造出新的意想不到的效果，就像伟大的里夏德在《名歌手》中所做到的；他们是这样一种人：抛弃了所有调，堆砌起不和谐音，既无引子也无尾曲——仿佛一头猪穿过花园一样，他们也就那样子哼哼着进入了音乐世界。

他们很可能会走得更远。似乎没有什么理由能让他们在通往不受限制的自由的路上停留，或将自己局限在一个音阶里。在声音的无限帝国内，他们可以随意发挥，并且赚到金钱。这正和狗朝着月亮吠叫、猫咪喵喵叫、鸟儿歌唱一样。曾有一个德国人写过一本书来证明鸟儿唱歌的方式不对；他当然是错的，因为鸟儿不会唱错。如果鸟儿真的会唱错，那么它们的歌在我们听起来就不悦耳了。它们不按音阶唱歌，却还是很动听，毕竟那不是人造艺术。

有些西班牙歌手通过唱乐谱上没有的冗长的装饰音来制造同样的效果。他们这种艺术介于鸟儿的歌唱和人类的歌唱之间，并不算是高等艺术。

人们对过去 30 年间一些领域取得的巨大进步感到惊讶。15 世纪的建筑师们肯定也这么想过。他们并没有意识到自己正在谋杀哥特艺术；他们也看不到，几百年后，我们又不得不回归希腊和罗马艺术。

10 管风琴

毛茸茸的牧神潘（Pan）将不同长度的芦苇连接在一起，创造出以他的名字命名的排箫（Pan pipe）[1]；实际上，他也在此刻发明了管风琴。只需要加上键盘和风箱，排箫便变为早期画家笔下天使手中常见的精美乐器。经过不断的发展，管风琴逐渐成为最为恢宏的乐器。而大教堂的回响效果修饰了它的音色，使其浑厚性扩大数倍，管风琴因而被赋予了宗教的特性。

管风琴不只是一件乐器——它是整个交响乐团。它由大小各异的排箫组成，这些排箫小的可以做儿童玩具，大的则如同庙宇的圆柱一般。这些排箫被称作“音栓”（organ stop），它们的数量无穷无尽。

罗马人制作的管风琴从音乐角度来说应该是十分简单的，但其机械构造却相当复杂。这种乐器叫作水力管风琴；将水应用在木管乐器上令许多评论家大惑不解。卡瓦耶－科尔（Cavaillé-Coll）[2] 经过研究后提出，这种乐器通过水压缩空气发声。这是一个精巧的系统，但并非没有问题，因为它只适用于最原始的乐器。琴键似乎非常庞大，以至于演奏者需要用拳头击打才能发声。

让我们暂且放下对艺术的长篇大论和经过改良的乐器的初始形态。到塞巴斯蒂安·巴赫和拉莫（Rameau）[3] 的时期，管风琴已经具备了恢宏的特性。音栓的数量增加了数倍，演奏者通过推拉变音器（register）调动相应的音栓。为了给演奏者提供更多可利用的资源，建造师也增加了键盘的数量。同时，踏板也被引入，作为键盘的补充。当时，只有德国管风琴的踏板才真正名副其实，能够演奏出有趣的低音部分。在法国和其他国家，管风琴的踏板非常简易，只能用于演奏特定的基音（fundamental note）或延长音符时值。在德国以外，没有人能够演奏塞巴斯蒂安·巴赫的作品。

演奏老式管风琴既耗费体力，又不舒适。琴键很硬，若是需要同时使用踏板和键盘，演奏者可真得有一番力气。推拉变音器也同样需要力气，而且有些变音器甚至是演奏者无法够到的。总之，演奏管风琴时必须得有一个助手。如果管风琴非常巨大，比如在荷兰的哈勒姆（Haarlem）或阿纳姆（Arnhem）[4] 那样的管风琴，则需要多位助手。调整音栓组合几乎不可能；除去强弱之间的突然变化之外，其他所有色调微差（nuance）[5] 都无法实现。

直到卡瓦耶－科尔时期，这一情况才得以改变。他为管风琴的使用开辟了新天地。他真正将键盘引入法国，还发明了谐音音栓（harmonic stop），使管风琴拥有了此前所不具备的明亮高音。他发明了美妙的音栓组合系统，使管风琴家可以不依靠助手就能调整音栓组合来改变音色，还不用离开键盘。在卡瓦耶－科尔之前，就已经有人提出一个设计：用遮板将部分音栓密封在箱体中，箱体可以通过一个踏板自由开合，制造出细腻的音响明暗效果。经过持续的尝试之后，管风琴的触键变得像钢琴键盘一样精巧。

多年来，瑞士的管风琴制造者一直在发明新的部件。这些发明使得管风琴演奏者几乎成为魔术师。这件精妙绝伦的乐器中蕴藏的丰富资源悉数听其调遣，满足演奏者哪怕最细微的愿望。

管风琴的禀赋是无穷的。其音域之广令交响乐团中的一切乐器都难以望其项背。只有小提琴能够演奏相同的音高，但在声音的穿透力上有所欠缺。至于低音，32 英尺音管的效果无可匹敌，其低音比大提琴的低音 C 还要低两个八度。从声音几乎消失而寂静开始的极弱到可怕的轰鸣，这件魔法般的乐器可以发出任何强度的音响。管风琴的音色也丰富多样。琴中有种类繁多的哨管音栓（flute stop）；音色音栓（tonal stop）可以接近弦乐的音色；一些音栓可以让不同音管所产生的一个音符同时发出其基音和泛音，产生变化效果；一些音栓用于模仿交响乐团的乐器，比如小号、单簧管、克里莫纳提琴（cremona，一件过时的乐器，其音色非常独特）和巴松管。通过同时触发两个音高并不完全和谐的音栓，管风琴能够制造出不同种类的天籁之声。当然，受到广泛喜爱的还有著名的人声音栓（Vox

Humana)，其声音虽然微微震颤，略带鼻音，但是非常迷人。诸多音栓的任意组合如同巨大的调色板，通过调和其中不同的音色可以制造出无穷无尽的变化效果。

此外，这架庞然大物的肺部不间断地呼吸着，赋予音色无可比拟的稳健感。在过去的很长时间里，有专门的充气员手脚并用地为这些“肺”充气。现在我们有了更好的办法，伦敦皇家阿尔伯特音乐厅（Royal Albert Hall）[6]的大管风琴通过蒸汽机充气，保证了乐手在演奏过程中乐器有源源不断的气体供应。也有一些管风琴使用更加易于操作的内燃机。一种液压的供气系统也颇具效力，并且易于操作，只需拔出一个活塞就可以使风箱进入工作状态。

不过，这些机械系统也并非不会出故障。我发现这一问题是在日内瓦美丽的维多利亚音乐厅（Victoria Hall）[7]，当时我正在演奏李斯特《幻想曲》(Fantaisie)的柔板，但输水管道破裂，管风琴因而无法发声。我总觉得这起事故的背后或许有预谋，当然也许我是错的。

李斯特的《幻想曲》是有史以来最为杰出的管风琴作品。作品时长40分钟，自始至终充满着吸引力。正如莫扎特在其《c小调幻想曲与奏鸣曲》(Fantasia and Sonata in C Minor)中预见了现代钢琴的诞生那样，李斯特在半个世纪之前写作这首幻想曲时，似乎也预见到我们今天会拥有一件具备无尽潜力的乐器。

不过我们也要勇敢地承认，相对于其可能或应该被发掘的程度而言，管风琴的潜力只得到了部分的应用。首先，要想让一件杰出的乐器倾尽其力，必须对它有深入透彻的了解，而这绝非一夜之间便可获得。而如我们所见，管风琴是无数乐器的集合。它为演奏者提供了非同寻常的自我表现渠道。没有两架管风琴是完全相同的。管风琴就像一个主题，根据不同的地点、建造资金、建造者的创造力甚至一时的突发奇想，衍生出无穷无尽的变奏来。因此，演奏者必须花费时间充分了解他的乐器。在深入了解的基础上便能如鱼得水，除去音乐本身之外，无须再有其他的考虑。而若要自由灵活地调动丰富的音色，演奏者只有一条路可以选择——大胆投入到即兴创作之中。

如今，法国乐派的即兴创作堪称一流，但近来在德国乐派的影响下受到了严重的冲击。年轻的管风琴演奏者认为即兴作品远不如塞巴斯蒂安·巴赫或门德尔松（Mendelssohn）的大作那般优秀，因而也便放弃了即兴演奏。

这种错误的观点十分有害，它是对创作才华的简单否定。试想，如果人们只是朗读事先写好的文章，那么立法大厅、讲堂和法庭会变成怎样一番情景？众所周知，杰出的演讲家和律师往往口若悬河，但他们若尝试写点文字，便变得枯燥无味。音乐也是一样的道理。勒菲布赫－维利（Lefébure-Wély）[8]是一位出色的即兴演奏家（我可以着重强调这一点，因为我曾听过他的演奏），但他只留下了几部并不出名的管风琴作品。与我同时代的音乐家中也有许多人只有通过即兴创作才能完全地表达自己。管风琴总能激发人的灵感。当手指触到管风琴时，想象苏醒，不可预知的力量从意识深处迸发出来。这是想象的世界，它总是崭新的，绝不会重复出现，如同一个充满魔力的小岛从黑暗中浮出海面。

然而现实却不是这魔幻世界，演出的总是塞巴斯蒂安·巴赫和门德尔松的少数几首作品。这些作品本身非常精美，但它们属于音乐会，与教堂仪式的气氛格格不入。何况这些乐曲是为旧式管风琴而作，它们或是完全不适合用现代管风琴演奏，或是演奏效果差强人意。然而，依然有很多人认为这些作品是进步的代名词。

我完全知道反对即兴创作的理由是什么。有些乐手即兴创作能力欠佳，演奏了无趣味；但许多牧师在布道时也谈不上口才一流。这绝不是真正的问题所在。即兴演奏家即使才华平平也总是可以被容忍的，只要能把握住教堂音乐的特色，使之与宗教活动契合，对冥想和祷告有所助益即可。倘若管风琴能够在这种精神下演奏出和谐的乐音，而不是去演奏值得写成乐谱的精确音乐，那么这便如同古时候的玻璃窗，尽管上面的人像已经模糊难辨，但与精美的现代窗子相比，依然更加富有魅力。不合时宜的艺术不是好艺术；若是照此标准，这些即兴之作相比某位大师的赋格或许更胜一筹。

我在玛德莲教堂（L'église Sainte-Marie-Madeleine）[9] 演奏管风琴的 20 年间经常即兴演奏，任凭我的幻想四处驰骋。这是生活的一大乐趣。

但是人们总认为我是一位严肃正统的音乐家。公众坚信我不会演奏除赋格之外任何形式的音乐。这一观点流传得如此广泛，以至于一个即将结婚的年轻女子恳求我不要在她的婚礼上演奏赋格！

另一位年轻女士请我演奏葬礼进行曲。她希望在婚礼上落泪，但她并没有任何自然的哭的冲动，便指望管风琴帮助她让泪水涌上双眸。

不过这样的情况是极个别的。通常，人们害怕我的严肃——尽管我试图加以克制。

一天，一位教区牧师决定就这一问题教导我一番。他告诉我，玛德莲教堂的听众主要是富人。他们时常光顾喜歌剧院，而由此培养出的音乐品味应该得以尊重。

“神父先生，”我答道，“倘若我听到讲道台上使用喜歌剧院的语言，我会演奏与之相适应的音乐，但在此之前，绝不可能！”

玛德莲教堂

11
海顿与《临终七言》[1]

伟大的音乐家约瑟夫·海顿是交响音乐和一切现代音乐之父，却一直被人忽略。从某种意义上说，音乐会如同博物馆，陈列着早期的音乐流派；但这一点很容易被人遗忘。音乐远非仅仅是感官享受和细腻情感的源泉。这些享受和情感虽然弥足珍贵，却也只是音乐艺术的广阔王国中偶然被发现的角落罢了。一个人若是不能从一系列精心构建、仅因其编配就优美动听的简朴和弦中得到绝对的享受，便称不上真正喜欢音乐。同样，《优律键盘曲集》的第一首序曲经过改编后旋律充满激情，有些人喜欢这样的演奏，胜过像作者为羽管键琴写的原始版本那样不加情感修饰的演绎；脍炙人口、独具风格的风格旋律或格里高利圣咏（Gregorian chant）[2] 若没有一系列浮夸的不和谐和弦的伴奏，他们也不会喜欢。这些人不能算真正的音乐爱好者。

好的音乐会总监不仅要自己热爱音乐，还要引导听众去欣赏音乐。不让大师被遗忘是总监的责任。这些音乐巨匠犯下的

约瑟夫·海顿

唯一错误仅仅是没有生在我们的年代，因而也就从未幻想过要满足还未出世的一代人的品味。重要的是，总监们尤其应该推崇约瑟夫·海顿这样的音乐家。他们超越了自身所处的时代，因而时而看起来似乎是我们的同代人。

在约瑟夫·海顿浩如烟海的作品中，唯一被如今这一代人所熟知的不过是两三部交响曲，演出屈指可数、敷衍了事——这种状况源自人们对海顿几乎一无所知。没有哪一位音乐家像海顿一样多产而富于想象力。我们在探寻这座宝藏时会惊讶地发现，每走一步，都会发现一颗宝石，它激发了某种现代音乐形式的诞生。它们的光芒绚丽夺目，即使在我们以为只有单调的黑白色的地方，也能发现随着岁月暗淡下去的色彩。

海顿的 118 部交响乐作品中，大多只是日常为艾斯特哈兹亲王（Prince Esterhazy）[3] 的小教堂信手而作。当时海顿是那座教堂的音乐总监。此后海顿应音乐会总监扎洛蒙（Salomon）[4] 的邀请来到伦敦，有了一支庞大的交响乐团可供使用。自此，他得以充分施展自己的天才。从那之后，海顿创作了许多伟大的交响乐作品。在这些作品中，单簧管的潜力首次得到了充分的发挥，现代交响乐团从中获益匪浅。起初单簧管在乐队中扮演不甚重要的角色，就如它的名字那样：意大利语中的单簧管一词（clarinetto）意思是小型的克拉里诺（clarino）。随着小号的音色在深度上增加，其尖锐度有所减少，人们便发明了克拉里诺小号来代替那种尖锐的声音。

海顿交响曲过去的版本在编排上颇有绘画感——交响乐团的布局印在纸上：页面最上方是第一组：鼓和铜管乐器；中间为第二组——长笛、双簧管和巴松管；弦乐组在页面最下方。当需要单簧管时，它们被划分在第一组中。可惜的是，这些交响乐乐谱的现代版本并没有延续这一精巧的安排。在海顿作于伦敦的作品中，单簧管完全抛弃了其原本形态。它脱离了多少带有平民色彩的铜管乐器世界，而获准加入更加精致的木管乐器社会。海顿首次充分利用了单簧管优美厚重的低音区（chalumeau）、灵活多变的特点以及宽阔非凡的音域。

在伦敦居住期间，海顿着手创作了一部《奥尔菲斯》，但由于委约的剧院在他创作完成之前倒闭，这部作品便不了了之。幸运的是，作品中的一些片断得以保留，被嵌入到一部交响乐乐谱之中。这些片断价值各不相同。由于起连接作用的对话——或称宣叙调（recitative）[5]——已然遗失，我们无法对残存的片断进行公正的评判。这些片断中，一首描绘尤莉狄茜的咏叹调（aria）[6] 华美而荒谬可笑，而另一首表现她的死亡的咏叹调却十分迷人。这其中我们还发现他为神秘的英国管创作的音乐：其曲谱与降 B 调单簧管相同，但是其中一些音高超出了我们如今所知的英国管的音域。还有一段低音部分也非常美丽动听。海顿为这段音乐配上了拉丁唱词，教堂唱诗班现在时常演唱此曲。在原剧中，这首咏叹调由克瑞翁（Creon）[7]演唱，而这一人物角色在其他片断中并未出现过。在其中一个场景中，尤莉狄茜被恶魔追逐，沿着河岸拼命奔跑。而另一个场景则描绘了奥菲欧死于一群巴克坎忒斯（Bacchantes）[8]之手。这一部分的乐谱除了勾起人们的好奇心之外别无是处。阅读了这些曲谱之后，便觉得这部作品没有完成也无甚遗憾了。

和格鲁克一样，约瑟夫·海顿拥有宝贵的机会来不断发展自己。海顿直到一般人身体功能开始退化的年龄才达到天才的高度。他的《创世纪》（Creation）[9]震惊了音乐界，其中丰富的想象和卓越的乐器音效对清唱剧来说都是前所未有的。在这一次成功的鼓舞下，海顿创作了鸿篇巨作《四季》（The Seasons）[10]，这部作品无论在古代还是现代的音乐史上，都无疑是旋律最为优美、最富于变化的。从那一刻起，清唱剧不再是纯粹的宗教音乐。这部作品用现实主义的笔触大胆地呈现出一幅自然的画卷，即使在今天看来也是十分惊人的。作品用艺术手法模拟了自然界中不同的声音：树叶沙沙作响、鸟儿在枝头和田间鸣唱、昆虫发出尖锐的音符。在此之上，海顿还通过音乐表现了大自然中不同元素带来的强烈情感，比如树林的清新、暴风雨前令人窒息的炎热、暴风雨本身、紧随其后的绚丽的日落。而猎人们的合唱则完全是另一番感觉。葡萄丰收后，人们疯狂地舞蹈。一段引子昭示着冬季的来临，其充满苦楚的旋律与舒曼的作品颇为相似。不过不要担心，作曲家不会让我们永远置于严寒之中。他将我们引入一间农舍，女人跳着旋转的舞蹈，火炉旁的农夫们听着逗趣的小故事，放肆地大笑着，仿佛拥有世间最大的快乐。

这部巨作并没有在听众还未窥探到天堂的模样时便戛然而止。一段宏伟激昂的旋律使海顿达到了亨德尔（Handel）和贝多芬的境界。他在耀眼的光芒中结束了这部作品，足以与这两人并驾齐驱。

这样一部作品最应该得到广泛传播，却一直不为公众所知。

不过这些都不是我最初想说的。我想谈一谈海顿一部非常精美感人的含蓄作品——《临终七言》。这部作品曾以三种不同形式上演——交响乐团与合唱团、纯交响乐团和弦乐四重奏。我年轻的时候，巴黎人说这是一部原本为四重奏而作的作品，此后发展为交响乐版本，最后才加入了人声。

一次偶然的机会我去了加的斯（Cádiz）[11]，在那里，我听到了这部优美作品的真实故事。令我惊讶的是，乐曲的首演竟是在加的斯。当地人甚至提到海顿赢得了一项比赛的大奖，可是这项比赛根本就不存在。作品是委约海顿创作的，但关键是由谁委托的？两家宗教机构——加的斯天主教大教堂和罗萨里奥岩洞组织（Cueva del Rosario）——都声称是自己委约了这部作品。双方争论中的所有证据我都看过，但这些对我们并无意义，唯一重要的是作品的起源。毋庸置疑，《临终七言》最早是1785年为交响乐团创作的；至于创作后在哪里上演，我们在后面就会发现，作曲家自己给出了答案。

米利多斯侯爵堂 · 弗朗西斯科 · 德 · 弥顿（Don Francisco

de Miton，marquis de Meritos）在他的《自传与加的斯岛传》（Memoires pour la Biographie et la bibliographie de l'ile de Cadix）中提到，他与海顿取得联系，并请他创作这部作品，以在加的斯大教堂演奏。根据他的记载，海顿说“这部作品与其说是他自己的创作，不如说更多的是弥顿先生的作品，因为他写的每一个动机都如此精彩，以至于读到它就仿佛读到了音乐本身”。

如果侯爵没有吹嘘的话，我们就不得不承认，海顿或许没有我们想象的那样天真，他非常清楚如何奉承他的雇主。

1801 年，布莱特科普夫和黑特尔出版社（Breitkopf & Härtel）[12] 在莱比锡（Leipzig）出版了加入人声声部的《临终七言》。海顿本人为这部作品作序：

大约 15 年前，加的斯的一个教区神父雇我以耶稣基督在十字架上的七言（Seven Words of Christ on the Cross）[13] 为基础写一部器乐作品。彼时，圣周（Holy Week）[14] 期间在大教堂上演清唱剧是一个传统，人们往往竭尽全力使这项活动尽可能庄严肃穆。教堂的墙、窗和圆柱都沉浸在黑暗之中，只有中心的一道光照亮圣殿。中午时分，教堂门便关闭了，乐团开始演奏。开幕典礼后，主教进入讲坛，诵读“七言”中的一言，并谈一谈由此得到的启发。之后他走下讲坛，在神坛前跪上一段时间。片刻的暂停后，音乐响起。主教登上又走下讲坛，如是 6 次；每一次布道之后，都会演奏音乐。我的音乐就是要用于这样的仪式。

创作 7 首各自时长 10 分钟并要连续奏出的柔板，还能不让观众感到乏味，这绝非易事。我很快就意识到，不可能让我的音乐符合先前规定的限制。

作品在创作和付梓时并没有唱词。后来唱词终于有机会被加入，因而布莱特科普夫和黑特尔的版本便是一部完整的作品；而就人声部分而言，这也是一部全新的作品。

它在音乐爱好者中反响良好，这使我希望全体公众也会对它表现出同样的肯定。

海顿十分担心会使听众感到乏味，而我们现代的吟游诗人们则毫无这般顾忌。

约瑟夫·海顿的弟弟米夏埃尔·海顿（Michael Haydn）[15]创作了许多颇负盛名的宗教音乐。人们一般将《临终七言》人声部分的创作归功于他。约瑟夫·海顿并没有明确承认事实就是如此，不过看起来，倘若是他自己写了人声部分，他定会在作品的序言中提及。

但是，人声部分的加入并未增添作品的分量。弦乐四重奏改编版本的作者是谁也无关紧要。那时候有许多业余爱好者用弦乐演奏一些作品。他们定期会面，把一切音乐都改编成四重奏的形式，就好像今天所有音乐都有钢琴二重奏版本一样。贝多芬的一些奏鸣曲就曾被改编为这一形式。钢琴战胜了四重奏，这足以让人扼腕叹息；毕竟四重奏是器乐音乐中最为纯净的形式，它是鼻祖，是希波克里尼灵感泉（Hippocrene）[16]。如今，器乐音乐从任意一件容器中都可以畅饮一番，结果时常醉态百出。

现在让我们回到《临终七言》上来。这部作品只有交响乐版本才真正值得一提。即使没有人声的加入，它也足以征服观众，其魅力能够穿透人的心灵。与《创世纪》和《四季》不同的是,《临终七言》不需要高超的技巧，因而演奏起来非常容易。

耶稣受难日（Good Friday）当天，歌剧院并不开张。但曾经的传统是在这一天举行晚场音乐会，由于曲目的一部分甚至全部都是宗教音乐而被称为“神圣音乐会”。这一优良传统如今已经消失，将《临终七言》等令人愉悦的作品及其他契合这一天氛围的活动呈献给公众的机会也随之失去。

在一次神圣音乐会中，帕德卢（Pasdeloup）[17] 相继演奏了李斯特《庄严弥撒》(Missa Solemnis)以及凯鲁比尼(Cherubini)[18]《加冕弥撒》(Messe du sacre)中的《信经》(Credo)。听众狂嘘李斯特的《信经》，却把凯鲁比尼的捧到了天上。我不禁联想到耶路撒冷人，他们宁可选择释放巴拉巴（Barabbas）而要求将耶稣钉死在十字架上 [19]——当然，我这样想有失公允，毕竟凯鲁比尼的作品也颇有可取之处。

如今，人们对李斯特的《信经》报以热烈的掌声——这其中有维克多·雨果的功劳——而凯鲁比尼的却无人问津了。

12 李斯特百年诞辰纪念

各地都举办精心安排的音乐节来纪念李斯特的百年诞辰（1912 年），其中以布达佩斯最为引人注目。在布达佩斯大教堂演唱《庄严弥撒》；单单演出地点本身，对作曲家来说就已是莫大的荣耀。在李斯特的有生之年，他使魏玛（Weimar）成了音乐界的麦加圣地[1]；在那里演出的是他充满魅力的清唱剧《圣伊丽莎白传奇》（Die Legende von der heiligen Elisabeth）。海德堡（Heidelberg）音乐节的特别之处在于它由德国音乐总会（General German Music Association）组织，而该协会是由李斯特在 50 年前创办的[2]。每年，协会都会举办为期数天的音乐节，主办城市每年不同。协会接受外国会员，我曾经应李斯特本人的邀请，接任柏辽兹，成为会员。由于意见不合，我与该协会多年没有联系，直到他们邀请我参加此次音乐节。尽管以我现在的年岁，和里斯勒（Risler）[3]、布索尼（Busoni）[4]、弗雷德海姆（Friedheim）[5]等技艺高超、正值巅峰的音乐家同台并不

李斯特

是什么令人鼓舞的事，但考虑到拒绝会引起的误解，我不得不接受了邀请。

音乐节持续了4天，上演了6场音乐会，其中4场为交响乐团和合唱团的演出。音乐节期间上演了清唱剧《基督》（Christus）[6]，这部庞大的作品要用掉整整一场音乐会的时间。其他上演的曲目中，最为重要的包括《但丁》（Dante）[7]和《浮士德》（Faust）[8]交响曲、交响诗《山间所闻》（Ce qu'on entend sur la montagne）[9]和《塔索》（Tasso）[10]等。

清唱剧《基督》较之《圣伊丽莎白传奇》缺少细腻的整体性，但是两部作品都同样划分为一系列单独的篇章。在《圣伊丽莎白传奇》中，不同篇章在营造多样性的同时成功保持了整体性，而《基督》的不同篇章之间则有些互不关联。各种偏好的人都能在这部剧里找到喜欢的音乐。一些篇章尽管简单却讨人喜爱；一些几乎有戏剧的味道；一些带有仪式色彩，甚至完全是仪式性的；一些优美流畅；另有一些则完全让人不知所云。像古诺一样，李斯特有时也会头脑不清，将高深的含义赋予一个普通简单的和弦序列，但这含义往往不能为大部分观众所领会。《基督》中有些片段就是这样。

不过，在这部浩然之作中当然也有美丽动人之处。倘若李斯特花费过多时间模仿古罗马坎帕尼亚地区（Roman Campagna）的牧羊人（Pifferari）令人沮丧的话，那么交响乐间奏曲《马槽边的牧羊人》（Les Bergers à la crèche）则令人欢欣愉悦。《牧羊人》旋律简单，但这是那种伟大艺术家所特有的、无法被效仿的简单。这首间奏曲从未在音乐会上演奏过，真是令人费解。

较之《浮士德》，《但丁》并非音乐会的热门曲目。这首作品在巴黎的首演是在我组织的一次音乐会上。当时李斯特的作品并不受欢迎，举办这样一场音乐会实非易事。除《但丁》之外，我们还上演了《浮士德》中的行板（格雷琴，Gretchen）[11]、交响诗《节庆的声音》（Festklänge）[12]——这部独具魅力的作品如今已经不再上演了——以及其他李斯特的作品。为了举办那场音乐会，我需要克服的阻力是难以想象的。公众充满敌意；意大利歌剧院（Théatre-Italien）[13]虽然允许我租用它著名的音乐厅，却断然拒绝对音乐会进行宣传；乐团并不配合；歌手也要求更高的费用才肯出场——他们幻想李斯特会支付这笔费用，并且预料演出必会失败。为未来奠定基础是我当时唯一的目的。即使诸事不顺，《但丁》的演出仍然可圈可点，而我也有幸第一次听到了这部作品。

第一部分（地狱，Inferno）非常震撼，间奏曲《里米尼的佛兰切西卡》（Francesca da Rimini）燃烧着意大利式的激情。第二部分（炼狱与天堂，Purgatory and Paradise）呈现出最为强烈紧张的魅力，其中的赋格篇章之美妙可谓无与伦比。

《山间所闻》或许是李斯特交响诗中最出色的一首。这部作品的灵感来源于维克多·雨果的诗歌，而作曲家成功地将诗中的精神重现在音乐中。如此有代表性的作品何时才能出现在音乐会中？乐团指挥何时才能不再翻来覆去地演出那三四首已然令人生厌的瓦格纳作品——完全可以在条件更好的巴黎歌剧院听到这些曲目——以及舒伯特（Schubert）无甚价值的《未完成交响曲》（Unfinished Symphony）[14]？

海德堡音乐节的一场音乐会上演了清唱剧《基督》。作品长达三个半小时之久，我断然不敢建议音乐会经理去冒这样的险。演出是在一座新落成的方形大厅中举行的，非常精彩。卡瓦耶－科尔对音响效果颇有见解，他曾经建议将该厅用于音乐会，但没有人采纳他的意见。参加演出的合唱团有300人之多，其中许多人远道而来。尽管伴奏的乐团规模不小，但在我看来仍然不够支撑如此庞大的合唱团。此外，乐团像歌剧院中那样位于舞台之下，而合唱团则在舞台上，声音自由伸展。舞台东西两侧，两架竖琴遥遥相望，点缀着舞台。然而它们在为视觉带来愉悦的同时，也为听觉带来了同等程度的干扰。合唱团和四位独唱的任务异常艰巨，但是他们成功演绎了这部大作，对所有精巧细节的处理都臻于完美。

李斯特远不像瓦格纳和柏辽兹那样会公开表示对人声局限性的鄙夷。正相反，李斯特将人声奉为女皇甚至女神。可惜的是，他的品味并没有带他走上创作舞台作品的道路。从《圣伊丽莎白传奇》的部分片段中可以看出，他本可以在这条道路上大获成功。如果是这样的话，如今我们欣赏的乐团演奏、人声伴唱的流行歌剧形式或许就不会出现。李斯特独创了自己写作合唱的方法；这一天才的方法还未曾有人效仿，但是具备诸多优点。唯一的问题是演唱者需要对细节和音色格外注意，而这些往往是他们最不在意的。对于每一个日耳曼人来说，唱歌是为了乐趣而非营生。他们往往过分细心——倘若细心也有“过分”之说的话。这样的性格是一笔巨大的财富，使得他们能够演绎李斯特的合唱作品。

在此分析这部宏大的作品几乎是不可能的。前面我们已经谈到了那令人愉悦的间奏曲《马槽边的牧羊人》。在这首田园牧歌之后是旋律优美的《三圣王进行曲》（La Marche des rois mages），但相比其故事本身的价值而言，音乐处理略微有些夸大。《登山宝训》（Les Béatitudes）和《我们的天父》（Le Pater noster）两首声乐曲更适合在教堂而不是音乐厅演出。之后男中音独唱的《提比哩亚海的暴风雨》（La Tempête sur le lac de Tibériade）和《橄榄山》（Le Mont des Oliviers）堪称最为出色。而《圣母悼歌》虽然旋律非常动听，长度却令人难以容忍。整部作品中最打动我的是《耶稣基督进入耶路撒冷》（L'Entrée de Jésus-Christ à Jérusalem，器乐、合唱及独唱），因为仅仅阅读乐谱不会对它产生任何感觉。在这支曲子中，作曲家达到了巅峰。《复活节赞美歌》（O Filii et Filiæ）中从远处传来的童声合唱团的歌声同样体现了作者完美的品味。

聆听这首作品时，我不禁想到将古诺的职业生涯推向辉煌巅峰的伟大清唱剧。李斯特和古诺的音乐风格迥异，但他们在清唱剧创作上却不谋而合。两人的作品都摒弃了清唱剧的旧形式，探索用现实主义手法阐释音乐中的文本，尊重拉丁文诗歌的韵律，推崇简洁风格。不过李斯特的简洁中透露着弃世情结，他放弃了尘世的精美而披上忏悔者的长袍；相反，古诺似乎怀着近乎圣洁的欢愉，回归到了他的本性。解释这个差异并不难：李斯特是穿着修士长袍走完人生之旅的，而古诺的生命则是由此开始的。[15] 因此，尽管李斯特的作品在精致优雅上更胜一筹，而且他本人的成就也更加显著，但在清唱剧这一艺术形式上，古诺却是赢家。天主教徒都知道，就像女性的体香一样，教堂也有它的芳香。古诺的清唱剧充满这种芬芳之气，而在李斯特的《基督》中，这种芬芳即使存在，也是非常微弱的。在李斯特的所有作品中，只有《庄严弥撒》中才流露出些许这种芳香。

海德堡音乐节竭尽全力，呈现出完美的《浮士德》和《但丁》。百余人的交响乐团堪称完美。德国木管乐演奏的准确性和音质不佳的时代已成为过去。不过，乐团指挥也要慎重选择。在我们的时代，这些指挥自身都是乐器名家。他们不会让自己的个性对音乐低头，而要让音乐服从他们的个性。音乐会正是他们展示个人无所不包的个性的跳板，他们在作者的意愿之上加入了个人意图。有时候他们过度突出木管乐器，以至于乐手需要在乐段结尾略去一个乐句才能喘上气来；同时，他们疯狂而无节制地追求速度，使得乐手赶不上，听众也没有时间品味音响。他们仅仅因为个人的善变或作曲家未明确标注，便随意加快或放慢一个乐章的速度。指挥们肆意而毫无规则地处理音乐，令乐手无所适从。由于无法辨别不同的小节，乐手在进入乐句时往往犹豫不决。

《炼狱与天堂》一章本应非常迷人，演奏却枯燥乏味；《梅菲斯托费勒斯》(Mephistopheles)[16] 的演奏如冰雹一般，毫无魅力可言。习惯了这样夸张过分的演绎之后，我越发赞赏音乐总监沃尔夫鲁姆(Wolfrum)[17] 对《基督》的精彩呈现了。

担任指挥的人中必须特别提出的是里夏德·施特劳斯(Richard Strauss)。自然，没有人期望他温和宁静。他会任个性肆意驰骋，即使留下一片狼藉也绝不影响他奔向辉煌。不过施特劳斯既不缺乏智慧也不缺少优雅。他或许有时速度偏快，但绝不会夸张地放慢速度。有些指挥会将我们带到撒哈拉大沙漠之中，但在施特劳斯的指挥棒下我们不必有这样的担心。在他的指挥下，《塔索》的所有精彩之处都得以呈现，而如明珠一般的《梅菲斯托圆舞曲》(Mephisto-Walzer)则耀眼异常。

我想简短地谈论一下诸位独奏家。对布索尼、弗雷德海姆和里斯勒这样的天才我们既不评判也不比较，只要能欣赏他们的演出我们便心满意足了。倘若一定要评出一个赢家的话，我想这荣耀一定属于里斯勒。他演奏的《b 小调奏鸣曲》(Sonata in B Minor)技巧娴熟，诠释完美。他对作品进行了全面的阐释，有力而不失精致。这首作品在这种演绎下，成为了最精美的奏鸣曲。不过这样高水准的表演超越了一般艺术家的水平，并不常见。演奏此曲需要运动员的体力、鸟儿的轻盈、灵活多变的能力和十足的个人魅力，除了要准确了解不同音乐风格外，更要熟稔李斯特的个人风格。对于大多数才华横溢的演奏家来说，这也是非常困难的。

女歌唱家中我只想提一下维也纳歌剧院[18]的卡耶尔夫人（Madame Cahier）[19]。她嗓音优美，出色地演绎了几首艺术歌曲，堪称一位杰出的艺术家。卡耶尔夫人曾在维也纳与达莫雷（Dalmorès）[20]合作，诠释了达丽拉（Dalila）[21]一角，所以我听到她演唱的喜悦之情是不言而喻的。

最后再谈一下《但丁交响曲》。我曾在某处读到，柏辽兹在《浮士德的劫罚》中用三个音符塑造出了梅菲斯托费勒斯的幽灵形象，而李斯特则花费了数页乐谱的篇幅，试图达到同样的效果。这样的比较有失公允。柏辽兹的发明堪称神来之笔，也只有他本人能写出这样的旋律。不过，恶魔的突然出现是一回事，对地狱的描绘则完全是另一回事了。在《浮士德的劫罚》最后，尽管柏辽兹在描绘地狱时为合唱团安排了奇特的唱词——“Irimiru Karabrao, Sat raïk Irkimour”，还应用了许多巧妙的小技巧，但他并不比李斯特做得更好。事实正好相反，李斯特的描绘比柏辽兹更为成功。

13 柏辽兹的《安魂曲》

从谱面上看，柏辽兹的《安魂曲》(Requiem)[1]异常老套，但和许多浪漫主义戏剧一样，这部作品在实际演出中的表现要出色得多。抨击浪漫主义艺术家过于热情并非难事，但是《欧那尼》(Hernani)[2]、《鲁克蕾齐亚·波吉亚》(Lucrèce Borgia)[3]和《幻想交响曲》(Symphonie fantastique)[4]产生的公众影响力也是难以企及的。这些作品尽管并非完美，但仍取得了巨大的成功。他们的热情确实是真诚而非伪装的。浪漫主义艺术家对自己的作品充满信仰，而只有这样的信仰才能产生持久的影响力。

我们知道，柏辽兹师从雷哈(Reicha)[5]和勒絮尔(Lesueur)[6]。勒絮尔作品繁多，其中许多是教堂音乐。这些宗教作品中有些非常优美，但是他有一些古怪的执念。柏辽兹对自己的老师十分钦佩，并不自觉地流露出了这种感情，尤其是在早期作品中；这恰好回答了为何这些作品中出现了一些跳跃性的切分片段。这些莫名其妙、毫无韵律的片段只能解释为柏辽兹对勒絮尔的

埃克托·柏辽兹

错误的无意识模仿。当我们模仿一个榜样时，模仿最为到位的往往是错误而非其出色之处，因为后者是无法模仿的。因而，《安魂曲》中的亮点完全要归功于柏辽兹而非勒絮尔。此时，柏辽兹已经摆脱了学生时代的束缚，展现出丰富灵动的原创精神，于是产生了这部颇具价值的作品。

在柏辽兹的《回忆录》（Mémoires）[7] 中，他谈到了《安魂曲》的坎坷经历。这部作品是由政府委约的，完成后一度搁置，最终才借着占领阿尔及利亚君士坦丁（Constantine）[8] 庆典及当勒蒙将军（General Damrémont）[9] 葬礼的机会，得以在荣军院（Les Invalides）[10] 上演。作品受到的冷遇甚至敌视令柏辽兹吃惊。不过，他若是能受到其他待遇，那其实更令人吃惊。

要知道，那个时候，演唱"品格高洁之人必爱看朝阳升起"（Quand on est toujours vertueux，on aime à voir lever l'aurore）的贝尔东（Berton）[11] 还备受追捧。贝多芬的交响曲，至少在巴黎，还是引人非议的新事物；海顿的交响作品引得乐评人大呼："简直是噪音！简直是噪音！"

当时的交响乐团不过是一个由三四十个音乐家凑在一起的组织而已，而一个刚出学校大门的年轻人竟然要求乐团编制至少要有 50 把小提琴、20 把中提琴、20 把大提琴、18 把低音提琴、

4 支长笛、4 支双簧管、4 支单簧管、8 支巴松、12 把圆号以及一个 200 人的合唱团。他所引起的错愕和惊异也就不难想象了。这还不是全部。《听这小号》（Tuba Mirum）段落需要另外加入 38 把小号和长号。它们要被分为四组，安排在东西南北四个方向。此外，乐曲还需要由 10 名鼓手演奏的 8 副鼓、4 个锣以及 10 个钹。

关于这些鼓还有一个有趣的故事。柏辽兹的第一位老师雷哈首先想到，可以在三拍或四拍的和弦中加入击鼓声。为了尝试这样的效果，雷哈创作了一部合唱作品《天体的和声》（L'Harmonie des sphères），与他的著作《和声论》（Traité d'harmonie）一同出版。但雷哈的才能不足以完成这项任务。他是一名不错的音乐家，但仅此而已。他的合唱作品平淡无奇，一直以来石沉大海。柏辽兹重拾这一失传的音效，把它应用在《听这小号》中。

不过必须承认的是，效果并没有想象中那般出色。在教堂或音乐厅中我们听到的是混在一起的声音，这令人疑惑甚至颇为吓人；间或能够听到音色深度的变化，但是完全无法辨别和弦的音高。

我永远不会忘记在圣厄斯塔什教堂（L'église Saint-Eustache）第一次听到《听这小号》时的感受，当时还是柏辽兹亲自指挥。乐曲完全偏离了作曲家的指挥棒：按作曲家写的速度，乐曲开篇时是中板（moderato），随着铜管乐器的进入，速度加快，变成庄严行板（andante maestro）；但绝大多数时候，中板被处理

成快板（allegro），而庄严行板则被简单处理为中板。糟糕的小号即便不像一些人斗胆所称的那样仿佛“出外行猎”一般，也和君王圣驾入首都的伴奏音乐无异。为了让小号展示恢宏的特性，作曲家没有使用如泣如诉的小调——这种调性更容易驾驭——而是尽情运用辉煌的大调。庄严的速度本身就足以保持乐曲宏伟、有力的感觉。

柏辽兹努力想把末日审判的图景呈现给听众。他堆积铜管、鼓、锣和钹，希望听众能够联想到站在巨人中间的雷神托尔（Thor）：他正试图饮尽牛角杯中的海水，却只能让水减少一点点。虽然只有一点点，也是不错的成就了。[12]

对于莫扎特只用一把长号的《听这小号》[13]，柏辽兹嗤之以鼻。“一把长号！”他感叹道，“即使 100 把也不算多！”柏辽兹想让人们真正听到大天使的号角声。莫扎特运用长号的 7 个音就能让人们联想到这号角声，而且这已经足够了。

然而，我们不要忘记，我们身处浪漫主义的世界中。这是一个色彩与图画的世界，绝不会满足于如此平淡的表达。如果我们不想被诡异的《牺牲祈祷》（L'Hostias）中仿佛来自地狱深处的长号低音音符激怒的话，就必须铭记这一事实。试图领会这些音符的含义是徒劳的。柏辽兹亲口告诉我们，他发现这些音符时它们还不为人知，他想用上它们。这些可怖的音符与长笛哀婉的啜泣形成的鲜明对比则更加奇特。类似的对比在其他作品中从未出现过。

《炼狱》（Purgatoire）一章效果则好得多。作曲家描绘了炼狱中诸灵魂合唱的情形。在柏辽兹的炼狱中，没有惩罚，没有悲痛，只有对永恒幸福的痛苦而漫长的等待。在一首游行圣曲中，赋格与旋律相互交替，营造出极度欢愉的气氛。鬼魂般萦绕的哀惋叹息有着极端丰富的感情，在单音符和偶尔出现的啜泣般的双音的外表下藏着万千变化。由于合唱团表达的是悲叹之情，这些音符也往往是相同的，既富于表现力又富有艺术的美感。乐章末尾出现了一道微弱的希望之光。《炼狱》中，除去结尾的阿门之外，这是唯一表现信仰与希望的片断，因为炼狱并非这些感情的所在。祈祷歌听上去就像没有在期望任何应答一样。没有人胆敢说这是亵渎神灵，但乐曲是否是宗教性的仍有争议。正如博绍（Boschot）[14] 所说，这一章中作曲家首先表现的是面对毁灭的恐惧。

《安魂曲》在特罗卡德罗上演时听众深受感动，结束后还迟迟不肯离去。他们并没有说“多么伟大的作品”，而是说“多么优秀的乐团指挥”！如今，人们看指挥执棒乐团就如同听男高音演唱一样：听众自以为有权对指挥品头论足，就像对男高音那样。但是这工作真是太精细了！公众喜欢的乐团指挥必须风度翩翩，动作优雅，阐释精确，善于表现；这一切往往都是做给听众看，而非为了乐团。不过这些特点都不是首要的考虑因素，对于指挥而言，最宝贵的品格是能够让乐手精确执行他的命令，并且完美阐释作曲家的意图——而听众是不会理解这些的。即使连作曲家的意图这样重要的细节都被忽略，即使一部作品由于荒唐的速度而面目全非，作曲家的意愿被完全扭曲，只要这位该死的指挥动作漂亮，听众就会感到眼花缭乱，深深入迷，把他捧到天上去。

以前，指挥从不向听众致敬。原因在于，人们认为赢得掌声的是作品本身而非指挥。意大利人和德国人改变了这一传统。拉穆勒（Lamoureux）[15] 首次将这个异国风俗引进法国。公众起初有些惊讶，但很快便习以为常。在意大利，指挥走上舞台，与乐手一起向观众致敬。指挥在歌剧最后一个音符结束后纵身跳下指挥台，疯也似的往舞台上奔去，以期能及时赶到——真是没有比这更好笑的情景了。

英国唱诗班的杰出表现一直以来赢得了至高的赞誉，而这的确实至名归。但当我们对自己国家的唱诗班如此严苛的时候，如果对英国人不这么毫无保留地夸赞，或许更公平一些，公平往往激发人们的渴望。无论如何，必须承认柏辽兹对人声的处理堪称不幸。像贝多芬一样，他对于人声和乐器的音域并未加以区分。尽管并不是所有乐段的人声部分都像《D大调庄严弥撒》（Mass in D）[16] 中的那样严重扭曲了作品本身的宏伟，《安魂曲》中的人声部分的确令人不满意。由于乐谱与人声的音色和规律不相适应，歌手们演唱时往往困难重重。男高音倘若能没有错误地演唱完他的部分便值得庆贺，更不要说期待有更好的表现了。

可惜的是，柏辽兹爱上了一位英国悲剧女演员，而不是一位意大利歌手 [17]。丘比特之箭本可以创造一个奇迹。《安魂曲》的作曲家本可以在不失其优秀品质的同时，学会把玩（没有更好的词来描述这种技巧了）人声——明智地处理人声，在毫不费力的情况下使它发挥出最好的水平。但是，柏辽兹甚至对意大利语都避之不及，尽管这是一门歌唱的语言。在《回忆录》中，柏辽兹写到，这种逃避心理使他不能欣赏《唐·璜》和《费加罗的婚礼》[18] 的真正价值。不知柏辽兹是否知道，他的偶像格鲁克不仅在早期作品中为意大利文配乐，《奥尔菲斯》和《阿尔西斯特》（Alceste）[19] 也配以意大利文歌词。也不知他是否了解，咏叹调《哦，不幸的伊菲姬尼》（O malheureuse Iphigenie）[20] 本是意大利文歌曲，后来被翻译成蹩脚的法文。或许在柏辽兹年轻时忽略了这些，毕竟他是天才，不是学者。

“天才”一词足以说明柏辽兹的一切。他作曲比较糟糕，对人声的处理不尽如人意，有时还放任自己做出稀奇古怪的事情。然而，他是音乐艺术中最有影响力的人物之一。他的伟大作品让我们联想到阿尔卑斯山以及山上的森林、冰川、阳光、瀑布和山崖。有些人不喜欢阿尔卑斯山，这是他们的巨大损失。

14 波利娜·维阿尔多

阿尔弗雷德·德·缪塞（Alfred de Musset）[1] 用永不凋谢的鲜花装扮了玛利亚·马利布朗（Maria Malibran）[2] 的墓碑，也是他向我们讲述了波利娜·加西亚的首次演出。泰奥菲勒·戈蒂埃的作品也写到了这件事。从两个人的记录中都能看出，她的首次亮相就非常成功。慧眼识珠的人无须等待艺术家的才华完全绽放，他们第一时间就发现了波利娜的天资，当时她还非常年轻。此后不久，她嫁给了维阿尔多先生——他是意大利歌剧院的经理，当时最为成功的人士之一。她选择出国进修，但于1849 年回到法国，因为迈耶贝尔（Meyerbeer）[3] 要她扮演《先知》（Le Prophète）中的菲戴斯（Fidès）[4]。

维阿尔多夫人的声音非常有力，音域宽阔，这让她能够克服歌唱艺术中的一切困难。然而这样杰出的声音并不能取悦所有人，因为它称不上如天鹅绒般柔滑。的确，维阿尔多夫人的声音略有些刺耳，听起来好像吃苦橙一般；但这样的声音

波利娜 · 维阿尔多夫人

却正是演唱悲剧或英雄史诗所需要的，因为它不是凡人的，而是超凡脱俗的。她曾一度将西班牙歌曲或肖邦（Chopin）的玛祖卡（mazurka）等小品转调，以便能演唱这些作品；但她的声音却让它们听起来截然不同，好像亚马逊女战士或女巨人的玩具一样。她对悲剧角色的阐释气势恢宏，对清唱剧的演绎也充满尊严，这是无人可以比拟的。

我从未有幸听过马利布朗夫人演唱，但是罗西尼和我谈话时提到过她，他表示更喜欢她的妹妹维阿尔多夫人。[5] 罗西尼认为，在容貌上马利布朗夫人更胜一筹。此外，英年早逝使她在人们心中留下的是她全盛时期的印象。但作为音乐家，她的水平不如妹妹。后来妹妹的嗓音开始下降，而姐姐倘若活着也无法避免这样的事情。

维阿尔多夫人并不漂亮；实际上她远远谈不上美貌。只有阿里 · 谢弗（Ary Scheffer）[6] 所作的一幅画像真实描绘了这位无与伦比的女性，在一定程度上展现了她那种奇特而强烈的魅力。除了歌唱天赋外，维阿尔多夫人的品格使她更具吸引力——这是我所见过的最迷人的人格之一。她能够流利地说西班牙语、法语、意大利语、英语和德语，并能用这些语言写作。她对这些国家的流行文学作品都有所了解，跟她有书信往来的人遍布整个欧洲。

维阿尔多夫人已经不记得自己何时学习的音乐。在加西亚家族中，音乐就是他们呼吸的空气。因此，维阿尔多夫人强烈反对这样的传统说法——她的父亲是个暴君，鞭打自己的女儿们，强迫她们唱歌。我不知道她是如何知晓作曲的秘密的。她除了不太懂交响乐团的管理工作，在作曲的其他方面都很有见地。她给许多西班牙语和德语歌词配上了曲子，这些歌曲的断句吐字方式都完美无瑕。然而维阿尔多夫人与大部分作曲家的习惯不同，不仅不喜欢展示自己的作品，还把它们束之高阁，仿佛它们是随意之作一般——尽管其中最不济的也堪称可圈可点。人们很难说服她让别人听听自己的作品。一次她演唱了一首西班牙流行歌曲，乐曲狂放不羁，令人无法忘怀。鲁宾斯坦疯狂地爱上了这首作品。直到几年之后，维阿尔多夫人才承认这首歌是自己写的。

她和屠格涅夫（Turgenev）合作创作了许多出色的小歌剧，但这些作品从未出版，只在私人场合演出过。她在作曲方面的多才多艺从一件逸事中可见一斑：维阿尔多夫人跟肖邦和李斯特都是朋友，品味非常前卫；相反，维阿尔多先生在音乐上却相当保守，他甚至认为贝多芬太过超前。一次夫妇二人招待了一位同样是保守派的客人。维阿尔多夫人为他们演唱了一首由宣叙调、咏叹调和结尾的快板组成的作品。她的演唱非常出色，两位听众赞不绝口。这首作品是她专门为这次聚会而作的。我读过这首作品；即使是最聪明的人也无法看出其中的破绽。

然而并不能凭此认为维阿尔多夫人的创作只是模仿他人。相反，她的作品非常具有原创性。它们大部分没有发表，即使发表的也鲜为人知，其中的原因是这位出色的艺术家对显赫的名声怀有恐惧心理。维阿尔多夫人大半生都致力于教育学生，而人们对此一无所知。

拿破仑帝国时期，维阿尔多夫妇常常于周四晚上在自家举行非常精致的音乐会，我的同龄人中至今仍然健在的还会记得当时的场景。用于日常器乐和声乐练习的一间客厅中悬挂着阿里 · 谢弗为维阿尔多夫人作的那幅著名画像。从那里，我们走下一小段台阶，进入挂满珍贵画作的走廊，最后来到一架精致的管风琴旁。这架管风琴是卡瓦耶 - 科尔的杰作之一。在这个音乐圣殿中，我们能够欣赏到亨德尔和门德尔松清唱剧中的咏叹调。维阿尔多夫人在伦敦演唱过这些作品，但是在巴黎的音乐会中它们却无人问津，因为巴黎人对这种大部头作品十分排斥。我有幸能时常为她作钢琴或管风琴伴奏。

然而这位对歌唱情有独钟的艺术家还是一位音乐全才。她的钢琴水平值得称赞，和朋友在一起时她可以演奏难度最高的作品。然而在周四音乐会的听众面前，维阿尔多夫人仅仅表演一些室内乐。她尤其喜欢演奏亨利 · 勒贝（Henri Reber）[7] 为小提琴和钢琴写的二重奏。如今的业余音乐爱好者对这些细致、精美的作品一无所知。比起水晶杯中的纯葡萄汁，他们似乎更喜欢金杯中的毒药。对他们来说，狂欢的晚宴、华贵的天花板和极致的奢侈品不可或缺。他们无法理解诗人的吟唱：“哦，乡村，我何时才能见到你！”（O rus, quando te aspiciam!）[8] 他们无法欣赏简约的巨大魅力。勒贝的艺术不是为他们准备的。

维阿尔多夫人是一位学识渊博的音乐家。她是塞巴斯蒂安·巴赫作品全集的首批订购者之一。我们都知道这部书是多么庞大的工程。每年都有10部宗教康塔塔出版，此外还有不同种类的高质量作品，也为读者带来意想不到的惊喜。我们总以为对塞巴斯蒂安·巴赫已经非常了解了，可到现在我们才知道如何能真正了解他。我们发现他是一位异常多才多艺的作家、一位伟大的诗人。他的《优律键盘曲集》只是其卓越才华的一小部分。这部著名的作品的美妙之处需要阐释，因为如果没有明确的引导，可能会产生不同的观点。在康塔塔中，唱词起到指示的作用；而用康塔塔的表达方式和键盘作品比较，就很容易发现巴赫在后者中想要传达的思想。

在一个天气很好的日子，我们从当年出版的作品集中发现了一首分为几个部分的康塔塔，是为女低音独唱而作，由弦乐、双簧管和管风琴伴奏。管风琴在场，管风琴演奏者也有，于是我们召集了各种乐器的演奏者，男中音施托克豪森（Stockhausen）[9] 担任这支小乐队的指挥，而维阿尔多夫人则负责演唱这首康塔塔。我觉得作者从未听过自己的作品以这样的方式唱出来。对我来说，那一天是我音乐生涯中最为珍贵的记忆之一。这次无与伦比的演出的听众只有我母亲和维阿尔多先生两人。我们不敢在没有准备好的听众面前重复这种表演。如今能够大获成功的演出在当时很可能反响平平，而看到观众对一部优美的作品无动于衷是再令人恼火不过的了。那些不为外人赏识的宝藏还是自己保管为好。

有一样东西总是阻碍塞巴斯蒂安 · 巴赫的声乐作品流行起来，那就是翻译的难度。当这些作品被翻译成法语之后，它们不但魅力尽失，还总是显得非常滑稽。

维阿尔多夫人最令人叫绝的才能之一是可以将所有形式的音乐异常轻松地融合在一起。她受过良好的传统意大利音乐训练，能够将这些作品的美完全展现出来，这一点无人能企及。至于我自己——我在这些音乐中只看到了缺陷。此外她还演唱舒曼和格鲁克，甚至格林卡（Glinka）——她用俄语演唱他的作品。对她而言，没有什么是外国的；她在哪里都能如鱼得水。

作为肖邦的挚友，维阿尔多夫人几乎分毫不差地记住了他的演奏，因而可以为肖邦本人如何诠释自己的作品给出非常宝贵的指导。从她那里我了解到，这位伟大钢琴家（或者说伟大音乐家）的演绎往往比一般所认为的要简洁得多。这种演奏既没有丝毫低俗的品味，也不是只有冷冰冰的对准确的追求。维阿尔多夫人告诉了我伸缩速度（tempo rubato）[10] 的真正奥秘。如果没有伸缩速度，肖邦的音乐就会减色许多。人们平时演奏时对伸缩速度的理解与其真正的含义完全背道而驰。

我谈到了维阿尔多夫人也是位优秀的钢琴家。在舒曼夫人举办的一场音乐会中，我们看到了她的才华。在一位出色钢琴家的伴奏下，维阿尔多夫人演唱了舒曼的几首艺术歌曲，之后两人演奏了这位杰出作曲家的钢琴二重奏。这首作品难度相当大，但他们的演奏和之前的演唱一样技艺精湛。

当维阿尔多夫人的声音开始走下坡路时，有人建议她转向钢琴。如果她听从了这个建议，就应该能够开辟一番新的事业，在这个领域里也赢得不错的名声。然而维阿尔多夫人不希望改变。后来的几年中这位天才一直与逆境抗争，她的境遇实在令人惋惜。她的声音变得破碎、顽固，失去了平衡而且断断续续。整整一代人都只认识一个戴着假面的维阿尔多夫人，那并不是本来的她。

她对音乐的过度热爱是声音早早退化的原因。她想演唱自己喜欢的所有角色，包括《胡格诺教徒》中的瓦伦丁（Valentine）和《唐·璜》中的安娜（Donna Anna）。倘若她想保护自己的嗓子的话，是绝对不会演唱这些角色的。[11] 可惜直到生命的最后一刻她才意识到这一点。“不要像我一样，”她曾对一个学生说，“我什么都想唱，最后毁了自己的声音。”

本性炽烈的人燃烧自我，获得欢乐；宝剑磨穿剑鞘，显现荣光。

15 奥尔菲斯

我们知道——或更准确地说，我们一度知道过——格鲁克的主要作品有一个很好的版本，而现在人们开始忘记这件事了。该版本的问世得益于一位非同寻常的女士——范妮·佩尔唐（Fanny Pelletan）小姐。她将财产的一部分用于这项伟大的事业，以完成柏辽兹曾在一篇文章中表达出的愿望。佩尔唐小姐聪颖非常，也是一位颇有成就的音乐家，但是要完成如此宏大艰巨的任务，他人的帮助必不可少。她不爱出风头，对自己的能力也没什么信心，因此她请来德国音乐家达穆克（Damcke）[1]来跟自己合作。达穆克长期居住在巴黎，颇具声誉。他给予佩尔唐小姐她所需要的精神支持，也提出了一些糟糕的建议。对这些建议，佩尔唐小姐出于感激，一律遵从。两人合作的结果是，作品中女低音的部分被改为高男高音，所有的单簧管部分都采用C调记谱，这显得作者想要使乐谱看起来很正式，但这并非作者本意。格鲁克在写作单簧管部分时，并没有过分担心乐手的乐器是 C 调、B 调还是 A 调——他把选择的自由连同移调的工作一起交给了演奏者。这并不是格鲁克特有的做法；其他作曲家也采取这种方式，甚至奥柏的作品也有一些痕迹。

达穆克去世后，佩尔唐小姐让我帮她继续这项工作。我希望改变工作方法，但这样版本就会失去统一性，佩尔唐小姐也不会同意。是时候结束同达穆克的合作了。自他开始，德国教授的队伍逐渐发展壮大。在他们有害的影响下，海顿、莫扎特、贝多芬甚至肖邦的作品，一旦旧版本失传，在很短时间内就会变得面目全非。只有塞巴斯蒂安·巴赫和亨德尔的作品能够保留其原始面貌，这要多亏巴赫与亨德尔协会（Bach und Händel Gesselschaft）出版的优秀版本。当佩尔唐小姐让我加入工作时，两部《伊菲姬尼》(Iphigenie)[2] 已经发表，《阿尔西斯特》(Alceste) 即将出版，《阿尔米德》(Armide)[3] 也已准备就绪。在《阿尔米德》中，达穆克狂热追求"改进"，到了失控的地步，这会造成巨大的破坏。是时候阻止这一切了。达穆克不仅时不时地更正自己臆想出来的错误，还插入了许多他个人的创造。他甚至为芭蕾音乐重新配器，因为他幼稚地以为这样做能比作者本人更好地表达出真正的意图。更正这些错误耗时甚久，因为我对自己的能力也不能完全信任，而佩尔唐小姐对达穆克的工作评价非常高，不敢推翻他的判断。

这位杰出的女性未能看到自己的事业完成的那一天——她开始《奥尔菲斯》的准备工作不久后便去世了。于是我必须独自完成曲谱编辑，因为现在佩尔唐小姐已经不在了，也就无法再依赖她那可以解决最棘手问题的宝贵经验和敏锐洞察力了。每一步都暗藏难解的谜团。格鲁克作品的古老手抄本虽然忠实呈现了作曲家的手稿，却显得不够细心，准确性更是差得惊人。它们只是草稿而不是完整的曲谱，许多细节模糊不清，而严肃版本是绝不允许含混了事的。这直接导致19世纪出版的格鲁克作品的不同版本即使极尽奢华细致之能事，也毫无价值。巴黎歌剧院的图书馆藏有大量原始善本文献，只有我们可以获取所有这些现存资料，因而也只有佩尔唐版本的格鲁克作品才具有权威参考价值。我们拥有为实际演出而誊抄的乐谱和一些器乐谱，其价值是不可估量的。此外，我们并不想、也没有花费大量时间阐释这些资料；我们只是尽可能接近作者意图地呈现它们。

瑞士是艺术作品层出不穷之地，每年该国都会举办一些民众亲自参与的盛大演出。人们从四面八方过来帮忙，有些人甚至来自遥远的地方——这要多亏这片迷人土地上发达的交通。因此，人们在洛桑（Lausanne）附近的美丽小镇梅济耶尔（Mézières）建造起一座剧院，专门演出年轻诗人莫拉（Morax）[4]的作品，也就不足为奇了。这些作品是有合唱的戏剧，歌手来自周边的乡间。1911年该剧院上演的剧目是由古斯塔夫·多雷（Gustave Doret）[5]作曲的《阿莱诺》（Allenor），获得了巨大的成功。

古斯塔夫·多雷是一位真正的艺术家，他从未想过把若拉剧院（Théatre du Jorat）[6]变成自己的御用剧院。多雷梦想能呈现格鲁克作品的原本面貌，因为它们往往被充满幻想或能力不足的表演者及歌剧导演篡改。多雷等人成立了一个庞大、有影响力的委员会，靠募捐筹集了大量的保证资金。之后他们举行了一次盛大的宴会，勃兰科温公主（Princess of Brancovan）[7] 也出席了。这个委员会的积极倡导者帕德雷夫斯基（Paderewski）[8] 发表了精彩的讲话。他早就以激情与口才著名，所以听众并不惊讶。帕德雷夫斯基不仅是一名钢琴家，更是一位极富智慧之人。这位伟大艺术家的钢琴演奏技巧绝非常人可及。

古斯塔夫·多雷得知我几乎是在显微镜下对格鲁克的作品进行了数年研究，就向我寻求建议；对此我感到十分荣幸。他希望用《奥尔菲斯》当委员会的开场节目。这部作品只需要奥尔菲斯、尤莉狄茜和爱神三位主唱；如今加入第四位主角——快乐精灵（Happy Spirit）——成了惯例，但这精灵并没有理由存在，它是卡尔瓦略创造出来的。

不过，的确存在两部《奥尔菲斯》。第一部《奥尔菲斯》（意大利文拼法为 Orfeo）根据卡尔扎比吉（Calzabigia）[9] 的诗歌改编，脚本为意大利文，于 1761 年在威尼斯首演。这部作品中的奥尔菲斯位于女低音音域，本是为阉人歌唱家瓜达尼（Guadagni）[10] 而作。在当时的威尼斯，抄谱师要么能力欠缺，要么根本找不到，因为格鲁克的《阿尔西斯特》的意大利文版和海顿的《四季》都是用铅字印刷的。无论如何，巴黎出现了意大利文版《奥尔菲斯》的手抄本。作曲家菲利多尔

（Philidor）[11] 对这些曲谱做了一些订正工作。他觉得《奥尔菲斯》基本不会流传到巴黎这么远的地方，于是将第一幕中的《浪漫曲》稍加改动，搬到自己的喜歌剧《魔法师》（Le Sorcier）[12] 中。后来玛丽 · 安托瓦内特（Marie Antoinette）[13] 将格鲁克邀请到巴黎，这位作曲家也因此才得以充分发挥自己的才华。1774 年，格鲁克为巴黎歌剧院作的《伊菲姬尼在奥利德》（Iphigenie en Aulide）上演。此后他萌生了将《奥尔菲斯》搬上法国舞台的想法。说实话，我觉得他一定在此前就考虑过此事，因为仅仅在《伊菲姬尼》上演之后三个月，《奥尔菲斯》便现身巴黎歌剧院，而且这个版本是格鲁克与莫林（Moline）[14] 合作完全重新创作的。女低音部分改为男高音，因而主演的角色便落在勒格罗（Legros）[15] 身上。

或许格鲁克在写《奥尔菲斯》法文版时的确改进了这部作品，但并不是处处如此。法文版的序曲在意大利文版中是否存在是个谜团。一般普遍认为序曲是存在的，但是在一些老版本曲谱中，这部歌剧以葬礼合唱开场，根本没有什么序曲。《法兰西信使》（Mercure de France）[16] 评价这首序曲“是一首优美动人的交响音乐，很好地引导了整部歌剧”，但实际上，序曲和作品其他部分的风格格格不入。它没有为开篇精妙的合唱起到任何铺垫作用。在这首无与伦比的合唱中，奥尔菲斯心碎的喊叫“尤莉狄茜！尤莉狄茜！”令人倍感怜悯。

意大利文版的《奥尔菲斯》中第一幕结尾处，弦乐制造出嘈杂的音效，暗示即将换幕，场景将转换到地狱之中。法文版中这一乐段没有出现。在抄本中没有这一段，取而代之的是一曲炫技咏叹调。此曲仅由弦乐四重奏伴奏，而品味也有待商榷。研究手稿可以看出作曲家的意图是如何被严重扭曲的：这或许是因为舞台经理需要一首幕间曲，或许是因为勒格罗要求加入一首能充分展现自己技艺的咏叹调，或许两者兼而有之。毫无疑问的是，如果不是出于这种原因，格鲁克一定会将这首咏叹调换成更符合整部作品风格的乐段。

长久以来人们都认为这首咏叹调是作曲家贝尔托尼（Bertoni）[17] 的作品，而格鲁克是剽窃者。事实正好相反：这首咏叹调来自格鲁克早期的一部意大利歌剧。贝尔托尼不仅在自己的一部作品中模仿了这段旋律，甚至胆大包天地在格鲁克歌剧的同一脚本基础上又创作了一部《奥尔菲斯》。他对这名卓越前辈的抄袭简直是厚颜无耻。

抒情歌剧院多次成功演出《奥尔菲斯》，一些场次已成名演，这首咏叹调对此贡献良多。这要归功于天才的改编和维阿尔多夫人异常精彩的演绎，而我自己为它重新配器。然而显而易见的是，在一个以对艺术的真诚和对文本的忠实为唯一目的的版本中，这首咏叹调无法拥有一席之地。

从这个角度来看，呈现《奥尔菲斯》的最好方法是遵循作者本人的权威版本。因为阉人歌手不再存在，所以奥尔菲斯必须由男高音扮演；而为了在《奥尔菲斯》中保有这种声音，我们得求助于——用戏剧术语说——反串角色（travesti）。不过这个方法困难重重。18 世纪以来音高有所提高，演唱当时为勒格罗而写的角色已经基本不可能。意大利合唱团中的女低音变成了高男高音；出于同样的原因，他们需要费力去演唱那些过高的音符。

可惜的是，在17世纪，法国的音高要更偏低一些，这为演唱我们古老的音乐带来了不可逾越的障碍。在德国或意大利情况则有所不同，这也是为什么塞巴斯蒂安・巴赫和莫扎特的作品依然可以演唱。格鲁克的意大利作品也是如此。

这也是多雷像喜歌剧院那样将奥尔菲斯的角色交给一位女低音的缘由。奥尔菲斯一角充满诗意，由女声演唱刚好合适。但若想保留意大利版本中的调性，就有必要在配器上下很大的力气。有趣而怪异的是，作品中旋律优美的宣叙调——伴以溪流的细语和鸟儿的歌唱——在两个版本中都为C大调。格鲁克不可能改变调性；相反，他对配器做了极大调整，对其进行了简化和完善。

创作者希望结局皆大欢喜，因而完全改变了原始神话的内容，让尤莉狄茜第二次起死回生。爱创造了这一奇迹，而歌剧在《爱之胜利》（Love Triumphs）一曲中结束，此曲极度欢欣愉悦，契合当时的气氛。意大利文版《奥尔菲斯》就是这样的结局，格鲁克在法文版《奥尔菲斯》中也予以沿用；然而抒情歌剧院和喜歌剧院并不想用这个结局，代之以森林女神艾蔻（Echo）与纳西莎（Narcissus）的合唱。这首合唱非常迷人，但这不是偷梁换柱的借口。作曲家希望制造欢乐，但这首合唱中根本没有欢乐的影子。认为格鲁克的终曲不够有特色是错误的。在梅济耶尔上演的版本用的是正宗的终曲，它的音乐绝非稀松平常，其中诚挚的欢乐体现出极高的音乐品味。

格鲁克并不顾忌从过去的作品中为新作寻找素材和灵感。被贝尔托尼鸠占鹊巢的那首咏叹调实则是格鲁克1764年为一位女高音而写的。1769年格鲁克在歌剧《阿里斯特奥》（Aristeo）[18]中运用了这段旋律。《奥尔菲斯》终曲之前的三重唱《温柔的爱》（Tendre Amour）也是如此。严肃的乐评人或许会倾向于赞赏格鲁克将忧伤的情感融入快乐之中，认为这其中表现出深邃的心理活动；但这其实是白费功夫。这首三重唱其实取自歌剧《帕里德与爱莱娜》（Paride ed Elena）[19]，格鲁克通过这部歌剧表达出高度紧张而激动的情感，多雷没有保留这两个乐段也无可厚非。另一方面，他保留了《愤怒之舞》（Ballet des Furies），将其改作幕间曲。这首舞曲选自1761年于维也纳上演的芭蕾舞剧《唐·璜与石人》（Dom Juan ou le Festin de pierre）[20]。在这首舞曲伴奏下，唐·璜被魔鬼簇拥着降入地狱。

格鲁克的德国同胞们纷纷来到梅济耶尔观看《奥尔菲斯》。他们忠于原始版本，认为演出非常精彩。一些人甚至说："我们在德国谋杀了格鲁克。"

许久之前我便发现了这种现象。我年轻的时候，格鲁克在巴黎写下的诸多优秀作品不被这座城市认可，而德国却一如既往地对它们推崇有加，对此我甚是不快。那时候，我时常应邀到莱茵河彼岸举办演出，很希望能在那里看到这些被法国人忽略的杰作。因此，当有一天我踏入德国顶级歌剧院之一去欣赏《阿尔米德》时，心中的喜悦可想而知。然而这是多么巨大的讽刺啊！

阿尔米德的扮演者马尔滕（Malten）夫人[21]无论在声音、才华、风度、容貌还是魅力上都无可挑剔。她的法语非常纯正，表演与演唱一样出色。倘若她能在巴黎歌剧院登台，必将大获成功。她简直就是阿尔米德——一位充满无法抗拒的魔力的女巫。

但是歌剧的其他部分啊！雷诺（Renaud）[22]成了粗野的男孩，下颌没有胡须，强烈衬托出唇上浓密的黑色小胡子；唇髭末端拉得细长，还打了蜡。的确，他嗓音不错，但是缺乏风度，对他饰演的角色也缺乏了解。

希德拉多（Hidradot）是一位年迈的魔法师，在地狱之火中忍受煎熬。出场时，他说：

死神的威胁模糊了我的眼，
Je vois de près la Mort qui me menace,
那令人血液冰冷的老年已然降临，
Et déjà l'age qui me glace
它那沉重的力量令我的脊梁弯曲。
Vient m'accabler de son pesant fardeau.

而舞台上出现的是一位正值壮年、容光焕发的男子，黑色的胡子微微卷曲，披着镶金边的红斗篷，年轻的活力蓬勃而出。可以想象我当时是多么诧异！

舞台布景也异乎寻常。第二幕中，雷诺睡到了舞台的后方，使阿尔米德在后来的场景中不得不远离脚灯，背对观众演唱——而这些美妙的场景本来在这一幕中占有至关重要的地位。

至于乐团，有时他们遵守格鲁克的乐谱，有时在配器上却借鉴了迈耶贝尔为柏林歌剧院创作的作品。这种配器非常有趣。我手里有相关资料，因而对其了解颇多。必须承认，出于一些无法解释的原因，格鲁克给《阿尔米德》的配器突然变得没有《奥尔菲斯》《阿尔西斯特》和两部《伊菲姬尼》那样用心。长号根本没有出现，鼓和长笛也只能在极少的间奏中听到。重新配器并非绝对必要，不过相较莫扎特为使亨德尔的《弥撒》（Messe）和《亚历山大节》（La Fête d'Alexandre）更加丰满而作的修订，迈耶贝尔的配器也不应备受谴责。令人不能容忍的是乐团没有在两个版本中选择其一，结果整部作品就像一件打满补丁的外衣，在一处可以看到旧布料，另一处却是崭新的。

后来，我看到了对《阿尔米德》的另一种演绎。

不知您是否有过这样的经历——记忆中珍藏着一座风景如画的城市，那里一切都和谐地融为一体，古树成荫，拢抱着精致的小道；但之后您再次到访这座城市时，却发现它涂脂抹粉、面目全非。绿树被砍掉，高楼大厦在原来的林荫小道上拔地而起。在这些庞然的建筑面前，城市原来的古雅魅力显得如此渺小。

这便是我又一次看《阿尔米德》时的情境，在此我就不提举行此次演出的城市的名字了。那里的人们认为这部歌剧已经陈旧不堪，因此对它进行了一番“改进”。一位年轻作曲家重新写了一部乐谱，在认为值得保留原作的地方插入格鲁克原有的乐段，整个演出充斥着愚蠢的骄奢华贵之气。如果您能看到剧中的“仇恨”场景，或许就能够容忍我这些不中听的形容了。这个场景发生在一个好像岩洞的东西里，灵光闪现的制作方将合唱团安排到舞台两翼，中间腾出的空间上摆放着几条龙、几只扇动着翅膀的怪鸟和其他稀奇古怪的生物。这无疑剥夺了合唱团所有的力量和荣誉。

不过真正的好戏是在第二幕结尾。随着雷诺和阿尔米德被飞行的精灵带走，舞台上的森林和其中的树木、草地、岩石全部消失无踪。观众莫名其妙地看着绵延的群山出现在自己面前。之后，借助机械的神奇力量，雷诺伴随着超现实主义的音乐出场。他安睡在龙床之上，阿尔米德站在床尾，一只手威严地向前伸出，用庄重的语调说道：

里纳尔多，我爱你！　　Rinaldo, ich liebe dich![23]

随后，幕布在观众的掌声中落下。

在音乐领域，德国的贡献难以尽说。这个国度出产了许多伟大的音乐家。海顿、莫扎特和贝多芬足以和我国的高乃依、拉辛和莫里哀（Molière）三巨头平起平坐。然而德国却似乎对它自己的音乐并不尊重，对这些音乐的辉煌成就视而不见。德国人并不会小心看护这些伟大的作品，使它们保持原汁原味，而是随心所欲地改编得面目全非。如今我们滥用色调微差，以前可不是如此。在指挥海顿、莫扎特甚至贝多芬的交响乐时，指挥确实有权对作品进行适当调整；然而令人不能容忍的是，总谱竟然印上了这些编辑强加的、并非出自作曲家本人的色调微差和弓法。无论如何，这就是事实。没有人能说明白，哪里是原始的作品，哪里经过了篡改。此外，篡改的结果有可能与原作者的意思正好相反。

这种篡改行为在钢琴作品中表现得最为明显。马蒙泰尔（Marmontel）[24]、库帕依（Le Couppey）[25]等被我们奉为著名教师的音乐家都出版过经典作品的乐谱，其中充满了他们的个人见解。不过演奏者会被提前告知，他们演奏的将是马蒙泰尔或库帕依的版本，而不是原始版本。但在德国，有一些版本号称基于原本，可实际上却将编者的个人意愿强加在作曲家之上，造成了严重后果。

过去的钢琴触键和今天的不同。从莫扎特和贝多芬作品的谱面符号可以看出，他们是以弦乐演奏为参照。触键比现在轻，手指需要抬起以使音符之间稍有断开；除非特别标明，否则音符不是连贯的。许多人认为这样的演奏方法会让音色变得干燥。我记得我还是孩子时听过一些老人演奏，他们弹出的音符在古怪地蹦跳着。此后，对这种演奏方法的反动开始出现，随之而来的是对连奏的狂热。当我还是斯塔马蒂的学生时，将音符“捆绑”在一起被认为十分困难；可实际上这只需要娴熟的技巧和柔顺的手指。“等她学会‘捆绑’音符的时候，她就学会弹琴了。”一位年轻钢琴家的母亲这样说。但是，持续的连奏也会让经典钢琴曲目失去其原有的特点而变得单调乏味。不过，所有现代的德国版曲谱中都严格要求进行连奏。从头到尾，音乐的连续性似乎不会中断，谱面上有许多连奏、始终连奏（sempre legato）的提示。非但这些提示不是作曲家本人写的，而且在一些地方还很容易看出他想要呈现的是恰恰相反的效果。

如果不应该鼓励滥用连奏的话，那么对在所有音符上都标注指法的做法我们又该作何感想呢——这些指法让人根本无法很好地演奏！李斯特的钢琴学生桃李满天下，他的教学理念有许多都是一流的，可偏偏这么一个错误的理念流传得这么广！

如今，象牙琴键的推崇者数不胜数。所有人都想拥有一架钢琴，所有人都会弹，或者觉得自己会弹——这两者并不是一回事；尽管人们现在总在说“弹钢琴”，真正了解这个词语的含义的人却寥寥无几。

钢琴出现之前，羽管键琴占据着统治地位。这是一件褒贬不一的乐器。雷耶（Reyer）[26] 被认为是钢琴的反对者，这让他本人都感到吃惊。近来羽管键琴东山再起，因而不必赘述其形状。羽管键琴力度不足，这就是为何在一个力度就是一切的时代，它被挤下了王座。另一方面，羽管键琴音色特别，优美典雅。和管风琴类似，羽管键琴演奏者不能通过手指的压力调节声音的强弱，但是数量庞大的键盘和音栓赋予其丰富的音效，而且使得几个八度同时发声成为可能。用现代乐器演奏羽管键琴作品，结果就是在力度和表现力有所增强的同时，作品也变得枯燥乏味，而这并不是作曲家的错。

管风琴演奏者不知道肌肉运动对演奏产生的影响；这头毫无约束的雄狮在他们的演奏中根本不存在。一位侯爵夫人纤细的双手轻盈地游走在键盘上时，非但不会失去其高贵典雅，反而在红色或黑色琴键的衬托下显得愈发白皙。

钢琴引入了小锤取代原先细小的针尖，使得通过手指压力改变音色成为可能，同时也使演奏者无须借助不同的音栓便可以随心所欲演奏出强（forte）和弱（piano）等音色变化。这也是这件新乐器最初被称为 pianoforte 的原因。这个名字过长，所以后半部分被省去。人们用“敲打”来形容演奏极强音。一些研究莫扎特年轻时的音乐会的论文称赞他很会“敲打”。

然而其实并不需要费力去猛击键盘。钢琴键盘上数量有限的按键反应灵敏，即使是孩子的手指也足可以触动。我三岁的时候第一次在钢琴上演奏。那架琴是齐默曼（Zimmermann）制作的，他的儿子后来成了古诺的岳父。[27]

后来，琴键的重量有所增加，以增强音量。这样一来，当满头长发的大师们拼尽全力弹奏，制造出雷鸣般的声响时，他们是真的在“弹”钢琴了。

在结束之前，让我们回到最初的话题《奥尔菲斯》。我不得不承认，倘若格鲁克的作品——尤其是这部《奥尔菲斯》——对人们的音乐品味有任何积极的影响的话，那《奥尔菲斯》最后一幕中的一个乐段绝对起了相反的作用。那就是有名的魔鬼合唱《何为勇敢？黑暗中的人不敢移动他的脚步》（Quel est l’audacieux—qui dans ces sombres lieux—ose porter ses pas）。

昔日的法国歌剧以朗诵为基础，即使咏叹调也严格遵循这一原则。这一优秀体系的代表要数吕利（Lully）[28] 的《美杜莎》

（Medusa）[29] 中一首著名的咏叹调，它表明了诗的韵律与音乐紧密结合可以产生何等强大的力量。格鲁克是这一体系最忠实的信徒之一。然而，据我们所知，法文版《奥尔菲斯》是从意大利文版改编而来。这首合唱曲是歌剧成功的主要原因之一，但问题在于格鲁克能否想到要去控制它不可思议的力量。可惜的是，合唱配乐是根据意大利文本而作，每一句诗的重音都落在倒数第三个音节——这在德语和意大利语中非常常见，而法语却从来不会这样[30]。魔鬼们唱道：[31]

何为勇敢	Quel est l'au*da*cieux
黑暗之中的人	Qui dans ces *som*bres lieux
不敢移动他的脚步	Ose por*ter* ses pas
死亡面前	Et devant*le* trepas
谁人不会颤抖？	Ne frémit pas ?

由于法语的重音并不突出，这样的错误也还是可以容忍的。格鲁克这段为人熟记的旋律给诗的韵律的纯净度带来了严重的打击。我们渐渐淡漠了韵律；直到奥柏的时代，人们对此几乎一点也不关心了。最后，奥芬巴赫（Offenbach）出现了。他生在德国，音乐理念天然地与德语韵律相合[32]；因而，他将自己的音乐理念运用到法语上，产生了直接的矛盾。这些时常出现的拙劣之笔反而被视为原创性的体现。有时候需要改变小节的划分才能使唱词与旋律符合，就像在下面这首歌中一样：[33]

一个小小人　　Un p'tit bonhomme
只有这般高　　Pas plus haut qu'ça.

我们或许可以说，奥芬巴赫犯这样的错误仅仅是因为剑走偏锋的快感。然而大众的品味已经如此败坏，没有人会注意到这种错误。一些创作态度不怎么严肃的人也形成了同样的习惯。

我们应该感谢安德烈·梅萨热，他从这种创作中脱离出来，将音乐修辞重新引入正轨。回归过去的传统是他的作品《维罗尼加》（Véronique）[34] 最吸引人的特点之一。

哦，我们远离了格鲁克和《奥尔菲斯》的话题，尽管或许谈不上离题万里。在艺术中，就像在其他所有领域中一样，各种极端事物会互相碰撞，人们的品味千差万别。

16
德萨尔特

菲利克斯·迪凯内尔（Félix Duquesnel）[1] 曾经写过一篇优秀的文章谈论歌唱家德萨尔特（Delsarte）[2]，其中写到了德萨尔特与卡尔瓦略夫人的争执。争执起源于卡尔瓦略夫人跟德萨尔特上课。我想在本文中说明的是，德萨尔特的名字永远不应被遗忘。卡尔瓦略夫人并没有拒绝支付课程费用，但是她却不愿被视作德萨尔特的弟子。尽管卡尔瓦略夫人也曾就读于巴黎音乐院，但是她只希望别人知道她曾师从迪普雷（Duprez）[3]。事实上，正是迪普雷将这位有“小米奥兰”（petite Miolan）[4] 之称的夜莺打造成了占据法国歌剧舞台重要地位的伟大歌唱家。

然而这一切是要付出代价的。卡尔瓦略夫人曾经亲自对我说过个中辛酸。她的中音区比较弱，可是迪普雷在训练中却试图让她摒弃胸腔发声，尽可能提高声音的清晰度。“当我开始练声时，”她说，“我母亲吓坏了。别人会以为我们在房间里宰牛呢！”

一般来说，这种训练方法会让声音变得尖锐、颤抖而失去原有的生机，但是对于卡尔瓦略夫人来说却并不如此。她的声音本就生机勃勃、纯净绝伦，又异常平稳，音区之间的和谐度也很完美。这样的奇迹很可能后无来者。

然而倘若是迪普雷冒着将卡尔瓦略夫人的嗓音毁灭的风险将她训练得如此出众，我倒一直认为她的标志——卓越的咬字技巧——应归功于德萨尔特。德萨尔特作为一名歌唱教师简直糟糕透顶，没有哪个嗓音能经受住他的方法的摧残，即使是他自己的——虽然他认为自己在音乐院的教学生涯是嗓音破坏的罪魁祸首；不过，德萨尔特对演讲和肢体语言的艺术有深刻的研究，并一度是这一领域的专家。

我曾经听过德萨尔特关于演讲和肢体语言的课程。课上，他讲述了重音的心理原理和肢体语言的生理原理，字字珠玑、醍醐灌顶。他从一种很科学的途径来探究肢体语言的使用，研究过程中还掺杂了一些神秘的奇幻现象。

他会解剖拉封丹（Fontaine）[5]写的一篇故事或拉辛写的一个段落，并解释为何只有当重音在某一个字或音节上时才能产生好的效果。听他讲这些真的有趣极了。这门课程非常有指导性，可是来上的人却寥寥无几，因为几乎没人听说过德萨尔特。他的影响力局限于一小批崇拜者的圈子中，不过质量的优势弥补了数量的不足。圈子里的人一度言必称浪漫主义，而如今则独尊古典主义了。这些人在绘画和音乐领域分别以安格尔和勒贝为代表，他们组成一个排外的圈子，过着清苦的生活，默默反抗本世纪的人们对传统的背弃。人们只有听到圈子里的成员谈论希腊罗马古人时的崇敬口气才能真正理解他们的态度。现代没有什么能引起他们的兴趣。“人们说，”其中一位崇古者告诉我，“古人是通过某种天启发现的美，而自此之后‘美’便不可逆转地走向堕落。”

这种理念大错特错，但竟是出自最真诚的、献身给艺术的人之口。因而，尽管这个团体并没有给同代人造成什么影响，却仍然有意无意地扮演了重要的角色。

众所周知，公众分为两大阵营。一方注重旋律，支持喜歌剧和意大利音乐，也勉勉强强地接受大歌剧。与之对立的另一方则倡导宏伟风格的音乐——贝多芬、莫扎特、海顿，还有塞巴斯蒂安·巴赫，尽管巴赫以前并不知名而如今甚至更加不为人知。

从没有人考虑过我们古老的法国乐派——从吕利到格鲁克的作曲家其实创作了许多杰作。勒贝为德萨尔特指明了道路，而天生具备文物学家气质的德萨尔特以惊人的活力投身于对这个领域的探索中。只有吕利较为知名，康普拉（Campra）[6]、蒙东维尔（Mondonville）[7]和其他人则完全被遗忘了。即使连格鲁克也未能幸免：他的交响乐作品总谱的初版曾经被二手书店标价几个法郎贱卖，如今更是绝迹了。拉莫则从来就没人提起过。

德萨尔特英俊潇洒、口才出众、风度翩翩，在他那一小圈艺术家崇拜者中产生了近乎帝王般的影响。正是由于德萨尔特，传统法国乐派之光才微而不灭，直到有一天上天的正义让它恢复活力。在这个被条条框框束缚住的世界中，任何一个夜晚若没有德萨尔特都算不上完整。他会用严重的嗓子问题为自己的慢性失声找借口，但之后却能用奥尔菲斯或尤莉狄茜的声音感动在场听众——他用的不是歌喉，而是魔法。我经常为他伴奏，而他总是希望我用最弱的音量。

“可是，”我会说，“作曲家写的是强。”

“没错，”他会回答道，“但是那个时候羽管键琴的音色是缺乏深度的。”

我本可以很轻松地反驳他说伴奏本是为交响乐团而非羽管键琴而作，可我并没有这样说。

由于德萨尔特的声音底气不足，他的演唱效果往往与作者的本来意图相去甚远。此外，他完全不知道如何正确处理倚音和其他一些如今已经不再使用的音乐标记。这导致他对旧时作品的诠释不够精准，但这并不要紧——杰出的作品即使以糟糕的方式呈现也仍有可圈可点之处。同时，无论是德萨尔特还是他的听众都持有信仰。他似乎不用开口就能说出“格鲁克”，而这个词就能引得听众翘首以待，虽然他还没唱出一个音符。

德萨尔特时不时地举办一些音乐会。他走上舞台，声明自己的嗓音非常糟糕，但是会尝试献上《伊菲姬尼之梦》（Iphigenia’s Dream）或其他类似曲目。通常，他会力不从心而不得不中途停止。之后，他便会转向古老的歌曲或拉封丹的故事，这些都是他的拿手好戏。他的朗诵总是以精心钻研的模仿效果为基础，但表演得却十分自然。一条在适当时间从口袋中抽出的红手帕总能博得满堂喝彩。

一次，德萨尔特想将鲍舒哀（Bossuet）[8] 主教的布道词作为音乐会的表演曲目。彼时，拥有至高权威的宗教当局禁止他实施这个想法。但是这样做其实根本不会亵渎神灵。这样优美的散文不能够以这种杰出的方式呈现真是十分可惜。如今，宗教权威已然失去了世俗世界的支持，人们看待事物的方式也完全不同了。基督、圣母和诸圣人走上舞台，演唱并诵念散文或诗句。看起来并没有人因此而大惊小怪，因为没人提出反对意见。就我个人而言，我必须坦率承认，如此伪宗教的表演着实令人反感。这些表演给我带来极大的烦恼，我根本不知道它们的意义何在。

为了重燃人们对老一辈大师的敬仰之情，德萨尔特想从各处选取一些这些大师的作品，出版一部合集。这一想法的产物就是排印精良、乐谱准确、品味极佳的《歌曲档案》（Archives du chant）。德萨尔特为这套书特地定制了铅字。书中每一部分的开头都有一段教堂音乐，精妙地与这个部分相和谐。这类出版物要想取得成功，出版商的支持是不可或缺的；然而德萨尔特就是自己的出版商，因此他的书销量并不好。一些与之类似，质量却远居其下的出版物反而获得了巨大的成功。

德萨尔特追求文本的纯净，可是后来者却为了迎合公众被迫对这些作品进行现代化处理，这真令人痛苦。在文学领域，人们认真研究原文文本，以期从中尽可能真实地还原作者的思想；而在音乐领域则完全不同：每一部作品要发行新版时，总要任命一名教授担任总监，于是他就在原作中加入一些个人的创造。

德萨尔特是一位声音欠佳的歌手、不无瑕疵的音乐家、深受质疑的学者。然而抛开诸多缺点，他拥有接近天才般的直觉；在这一天赋的引导下，他在19世纪法国音乐的发展中扮演了重要的角色，绝非庸碌之辈。在了解他的人心中，他是一位有远见的使徒的形象，总是满怀炽烈的激情谈论那些已被遗忘的老作品。听到他的讲话的人必会情不自禁地相信这种遗忘是不公平的，而渴望对这些来自另一个时代的遗迹有所了解。

毫无疑问，我投身研究旧时乐派的勇气要归功于德萨尔特的领导，因为这项研究起初对我并无多少吸引力。柏辽兹对这些音乐严加斥责。他年轻时曾在剧院看过格鲁克的作品，却认为它们除“陈腐幼稚”外一无是处。尽管我对已逝的柏辽兹十分尊重，但格鲁克的作品本应得到更为善意的评论。尽管深入探索这些音乐很费功夫，但是收获也足以弥补付出。它们感情真挚、气势恢宏，甚至称得上优美——当然是在作曲家可运用的技巧所能达到的范围内。

纪念德萨尔特是十分必要的。德萨尔特是先驱者，一生都在为不朽作品的价值奔走呼号，尽管它们为世人所唾弃。他的成就绝非不值一提。

17 塞热

当德萨尔特为传统法国歌剧——尤其是格鲁克的作品——的复兴做足准备时，另一位音乐改革的先锋也在努力改造巴黎听众的品味，尽管借助的是完全不同的力量，达到的是完全不同的效果。这个人就是塞热。他扮演了重要的历史角色，应该被世人铭记。

从塞热的名字就可以看出，他是比利时人。他起初以演奏小提琴起家，是巴约（Baillot）[1] 的学生。他的演奏大气开阔、音色优美；他的音乐感悟能力也是一流的。塞热完全可以跻身顶级名家行列，可是，这个外表坚毅、不达目的誓不罢休的人在观众面前却失去了一切力量。

他梦想将贝多芬的晚期弦乐四重奏呈献给爱乐人，而当时人们认为这些作品既无法演奏也难以理解。[2] 最后他计划举行一系列音乐会，打算请当时只有 15 岁的我担任常任钢琴伴奏。除了贝多芬的四重奏，塞热还计划上演一些巴赫的奏鸣曲以及勒贝和舒曼的三重奏。一次，当他岳母在床边安静地织着东西时，我告诉了她这个计划，并说我对塞热的这个想法感到很兴奋。

“别期望太高了，”她对我说，“他永远办不成这些音乐会的。”

一切准备就绪后，塞热邀请了大约三十人来欣赏预演。情况一团糟。他的琴失去了所有深沉的音色，指尖的技巧也不见踪影……演出计划被迫放弃。

最后还是莫兰（Maurin）[3] 从这些可怕的四重奏中挖掘出了一些东西。莫兰有独特的天赋，他运弓非常轻盈，我从未见到其他人可以做到像他这样；他敏捷而有魅力，大众为他着了魔。但是我可以真心实意地说，塞热的演奏甚至更好。很不幸，我是塞热唯一的听众。

塞热的夫人美若天仙、聪慧过人、气质高贵。她曾师从李斯特，是一流的钢琴家。但是她比丈夫还要怯场——哪怕只有一名听众也足以让她不知所措。当李斯特为塞热夫人授课时，他发现了她丈夫的天赋，便把自己女儿的音乐教育托付给他。这足以说明李斯特有多么尊重塞热。这样，关于演奏风格和钢琴本身，塞热为我提供了我急需的宝贵建议，也就不足为奇了——他和李斯特的友谊使他对钢琴有了透彻的了解。

我第一次见到李斯特并听他演奏是在塞热家。多年游历在外后，李斯特又回到巴黎，而此时他已经近乎传奇了。据说，他在担任魏玛乐长（Kapellmeister）[4] 后便致力于大部头作品以及——说起来难以置信——“钢琴作品”的创作。人们对此颇感不屑，却忘了莫扎特也是他那个时代最伟大的钢琴家。后来有言论暗示说李斯特正在为音乐建立一个哲学体系，这让整个传奇达到高潮。

我当年 18 岁，将全部热情都投入到钻研李斯特的作品中去了。当时我已经视他为天才，并在见到他之前就认定他作为钢琴家有近乎超人般的实力。有一点值得特别指出——他的演奏甚至超越了我脑海中已经形成的印象。和他超凡脱俗的指尖下流出的出神入化的旋律相比，年轻的我的想象无非只是几句散文而已。倘若没有在李斯特的全盛时期听过他的演奏，是无法想象他的表演水平的。

塞热是巴黎音乐院音乐会协会的成员。该协会只能接触到有限的民众，而除此之外当时巴黎根本没有名副其实的交响音乐会。倘若听众数量尚可以用“有限”来形容，那么曲目范围就更是乏善可陈。协会几乎只演奏海顿、莫扎特和贝多芬的交响乐作品，即使引入门德尔松也大费周章。对于像清唱剧这样的大型作品，则只上演片段。尚健在的作曲家的作品则被视为入侵者，要严加防范。不过，指挥可以自主选择一首独奏作品。奥古斯特·托尔贝克（Auguste Tolbecque）因而得以演出我的第一首大提琴协奏曲——这是我为这位现已年逾八旬[5]而演奏水平却依旧卓越的朋友而作的。当时这支著名乐团的指挥德尔德维茨（Deldevez）[6]特意对我说，他完全是看在托尔贝克的面子上才将我这首协奏曲加入节目单的。他补充道：否则，他会上演这位或那位先生的作品。

音乐院音乐会的听众对音乐都不甚了了，更广泛的大众更是一窍不通。业余爱好者基本上只是通过车尔尼（Czerny）改编的双钢琴作品才了解到三位古典大师的交响曲。

在这种情况下，塞热离开了音乐会协会，创建了圣塞西尔音乐协会，自己领导乐团。新协会的名字来自当时位于安坦堤大街（Rue de la Chaussée-d’Antin）的圣塞西尔音乐厅。尽管当时人们存有偏见，认为弧形的音乐厅更好，不过这个方形的宽敞大厅堪称优秀。这个问题上的专家卡瓦耶－科尔曾经对我说，弧形表面会使声音变形，就像弧面镜会让图像变形一样。因此，音乐厅应该设计成只有直线。圣塞西尔音乐厅足够宽敞，可以容纳一个完整的交响乐团及合唱团而不显窘迫，音效良好。

塞热努力组建了一个水平高超且有一定规模的交响乐团。他还招募了许多独奏家——这些人虽然当时还很年轻，但后来都声名显赫。乐团成员收入微薄、不守规矩。我见过他们因为贝多芬作品难度过大而抗议；更糟糕的是后来塞热开始排练舒曼的作品——他的作品被认为是现代主义的极致。乐团成员时不时地发动真刀真枪的暴动；但是在这里我们第一次听到了《曼弗雷德》序曲（Manfred Overture）[7]、门德尔松《a 小调交响曲》和《汤豪瑟》序曲。

现代法国乐派被音乐院音乐会协会拒绝，却在圣塞西尔受到了热烈的欢迎。其中包括勒贝、古诺和古维（Gouvy）[8]，甚至还有像乔治·比才和我自己这样初出茅庐的人。我用自己 17 岁写的《降 E 大调交响曲》开始了在圣塞西尔的第一次冒险。为了让委员会接受这部作品，塞热称这是一位匿名作曲家从德国寄来的。委员会果然中计，把这首交响曲吹捧到了天上。倘若一开始他们听到的是我的名字，可能连听一下都不愿意。

我仍然清晰地记得在参观排练时听到的柏辽兹和古诺的对话。两个人都对我非常感兴趣，因此也就无所拘束地谈论匿名作者的这部交响曲的优点和不足之处。他们非常认真地对待这部作品，因此可以想见我有多么注意地在听他们的看法。当神秘的面纱揭开——我的作者身份公布后，两位伟大音乐家对我的兴趣发展成了友谊。我收到了一封来自古诺的信。我一直小心保存着它，而且鉴于它有助于增添其作者的声誉，我便在此将信中内容照录如下：

我亲爱的卡米尔：

昨天我收到正式通知，得知你就是周日上演的交响曲的作者。我早就猜可能是你写的；现在我的猜想被证实了，我想立刻告诉你我是多么地开心。你的才华超越了年龄；坚持下去——而且记住，在 1853 年 12 月 11 日，星期日，你担上了必须成为大师的责任。

你愉快而忠实的朋友，

夏 · 古诺

许多巴黎听众不了解的作品仅在圣塞西尔上演过，其中包括舒伯特的《C 大调交响曲》，韦伯的《普列彻欧萨》(Preciosa) 选段 [9] 以及《欢庆序曲》(Jubel-Ouvertüre) [10]，还有加德 (Gade) [11]、古维、古诺和勒贝的交响曲。这些作品称不上惊艳，但也足够迷人。它们是金色链条中的一环，听众有权利、甚至在某种意义上有义务去欣赏它们。他们也会沉浸其中的，就像在卢浮宫（Louvre）中，人们喜欢一些虽然不算杰出但也足以配在卢浮宫展出的画作。当然，前提是公众真正出于对艺术的热爱，寻求智力层面的欢愉，而不只是感官刺激。最近有人说，没有感情就没有音乐。然而我们可以举出很多相反的例子：很多音乐完全没有情感，但是从纯粹审美的角度考量却是非常优美的——我想说的是什么呢？绘画是独特的，即使是最简单的风景也能够激发情绪、感情和激情。莫里斯·巴雷斯（Maurice Barrès）[12] 带起了这股潮流，即使在石头中他也能发现激情。能够体会到像他那样的感受的人是快乐的。

在所有当时我们听到过、后来再未上演的作品中，有必要提及柏辽兹的《海盗》（Le Corsaire）和《李尔王》（Le Roi Lear）[13]。如今人们对柏辽兹如此喜爱，这两首曲子被遗忘显得既有失公允又没有道理。这位伟大的人曾经亲临圣塞西尔协会，指挥他新创作的《基督的童年》（L’Enfance du Christ）——或者说当时仅完成的部分《出埃及记》（La Fuite en Egypt）。作品的其他部分是后来完成的。[14] 我清晰地记得柏辽兹领导的伟大演出。演奏活泼生动而不是小心翼翼，但是要比爱德华·科洛纳（édouard Colonne）[15] 令我们习惯的速度要慢一些。时间似乎流逝得更快，细节也更为鲜明。

尽管指挥充满热情，乐团技术过硬，但协会依然过着吃了上顿没下顿的日子，各种资源十分短缺。韦克林（Weckerlin）[16]

指挥合唱团，我担任伴奏。对我们来说，有对艺术的热爱就足够了；但是对歌手和乐手而言，光有热爱没有薪水可不行。倘若塞热能够灵活些的话，或许能保证一些进项，但这并非他的长处。迈耶贝尔希望他上演自己的《施特林泽》（Struensée）[17]，阿莱维希望他能把自己的《普罗米修斯》（Prométhée）[18] 搬上舞台；但这些作品的信念和塞热不同，而他又是那种一旦打定主意就绝不改变的人。尽管如此，他还是演出了《施特林泽》的序曲——其实要演奏作品的余下部分并不是什么难事。至于《普罗米修斯》，尽管最后一部分和整部作品并不和谐，但还是值得一演的。傲慢的音乐会协会最终接受了这部作品。拒绝上演这两部作品让塞热失去了两个强有力的支持者。

帕德卢巧妙地利用了这一形势。他有足够的钱。基于对协会财政状况的了解，他前来参加排练，用钱贿赂艺术家们。大多数情况下，这些缺钱的年轻人无法拒绝帕德卢诱人的建议。他毁掉了塞热的协会，并在废墟之上建立了青年艺术家协会（Société des jeunes artistes），后来成了人民音乐会（Concerts populaires）。

帕德卢真诚地热爱音乐，却是平庸的音乐家。对于艺术，他缺少塞热那种感知能力和深刻的理解力。在塞热手中，一场通俗的音乐会可以变成异常精彩的活动；而帕德卢虽然有技术和热情，却只能为它们镀上一层虚假肤浅的光环。而且，塞热愿意为法国乐派的发展而奋斗，而帕德卢在 1870 年以前却基本将其束之高阁。其中只有个别例外的情况，例如他分别上演过古诺和古维的一首交响曲，以及柏辽兹《襟怀坦白的法官》（Les Francs-juges）的序曲[19]。在灾祸横生的1870年之前，法国交响乐乐派一直受到音乐会协会和人民音乐会的压制和打击。或许这种压制是必要的，因为只有这样法国乐派才有机会得到解放，插上梦幻的翅膀。

18
罗西尼

如今，想要了解半个世纪之前罗西尼在我们美丽的巴黎占据怎样的位置，已经比较困难了。在那很久之前罗西尼便不再工作，然而过着悠闲生活的他却比许多还在活跃的人声望还要高。能获准进入他那高窗大户的豪华公寓，对任何巴黎人来说都是荣耀。这位被尊为神祇的人傍晚之后从不出门，朋友们晚上上门拜访绝不会落空。罗西尼家中时常举办盛大晚宴，三教九流在宴会上把酒言欢。最出色的歌手、最著名的艺术家会在这些“夜晚”现身。谄媚之徒将主人团团围住，但他们的阿谀之词丝毫不能影响罗西尼。他知道这些人是什么货色。罗西尼高傲地驾驭着固定的追随者，他像一种更高等的生物，不向第一位前来朝拜的人显露自己。问题是，罗西尼到底为何能被人如此崇拜?

除了《理发师》(Barbiere)[1]、《威廉·退尔》(Guillaume Tell)[2]和某些场次的《摩西》(Moïse)[3]外，罗西尼的作品都

焦阿基诺·安东尼奥·罗西尼

是些过时的东西。的确，人们还会去意大利歌剧院听《奥赛罗》，但那纯粹是为了唐贝里克（Tambelick）[4] 的升 C。罗西尼倒有些自知之明，他曾试图阻止巴黎歌剧院制作《赛密拉米德》（Semiramide）[5]。尽管如此，巴黎人仍对他顶礼膜拜。

公众——我现在说的是所谓有音乐修养的公众——分为两大对立阵营。包括乐评人在内的大部分人钟爱旋律；巴黎音乐院的捐款人和莫兰、阿拉尔（Alard）及阿明高（Amingaud）这几支四重奏团 [6] 的成员则站在另一边。他们都投身音乐学术，但还是被一些人说成是“装腔作势”；不过这些说风凉话的人只是假装能够欣赏自己根本不能理解的作品罢了。

贝多芬的作品没有旋律；甚至有人认为旋律也并不存在于莫扎特的作品中。有人告诉我们，旋律只存在于罗西尼领导的意大利乐派和由此派生出的埃罗尔德（Hérold）[7] 与奥柏乐派中。

旋律的推崇者奉罗西尼为圭臬，纷纷拜倒在他脚下，哪怕他们刚刚在二手店把罗西尼的作品卖了个好价钱，任凭它们渐渐湮没。

我和罗西尼关系密切的时候，他曾流露过只言片语，我能从中听出这种怠慢之举对他造成了伤害。但这是他应得的惩罚——或许太应得了，因为贝多芬的音乐曾遭受过致命的打击，武器正是罗西尼，尽管这绝非他自己有意为之。两人的作品在维也纳第一次交锋，《坦克雷迪》（Tancredi）[8] 的成功永远碾碎了《菲岱里奥》（Fidelio）[9] 的作者在戏剧方面的雄心；此后在巴黎，剧院纷纷上演《威廉 · 退尔》以抵抗贝多芬交响曲和室内乐作品的入侵。

我 20 岁时，经维阿尔多夫妇介绍认识了罗西尼。他邀请我参加他家的小型晚宴，以他惯常的空洞客套接待了我。一个月后，罗西尼发现我不愿意被看成钢琴家和作曲家，他改变了态度。“明天早上来找我吧，”他说，“我们可以谈谈。”

我爽快地接受了这令人倍感荣幸的邀请，并发现了一个与前一晚完全不同的罗西尼。对那些即便算不上进步也至少思路宽阔、有理有据的观点，罗西尼有浓厚的兴趣和开放的心态。李斯特著名的《弥撒》在圣厄斯塔什教堂第一次上演时，罗西尼的表现证实了这个特点：当这部作品遭到近乎众口一词的批评时，他站出来为它辩护。

一天，他对我说：“你为多吕（Dorus）[10] 和勒鲁瓦（Leroy）[11] 创作了一首长笛和单簧管二重奏。你能不能请他们来我的晚宴上演奏呢？”

无须多言，两位艺术家爽快地答应了。之后，发生了一件前所未闻的事情。罗西尼从来没为晚宴写过节目单，于是他设法让人们相信这首二重奏是他亲自创作的。在这样的前提下，这首乐曲轻松取得成功便不难想象了。返场结束后，罗西尼领我来到餐厅，让我在他身边坐下，并牵住我的手以防我起身离开。一队阿谀之徒来到他面前。啊！大师！简直是杰作！真令人难以置信！

当蒙在鼓里的人们实在找不出更多的赞美之词时，罗西尼安静地回答道：

“我同意。但这首二重奏不是我，而是这位先生创作的。”

如此聪明的善意之举比卷帙浩繁的评论更能说明罗西尼的伟大。他的确是一位伟人。如今的年轻人无权评判罗西尼的作品，因为他本人曾经声称，他的作品是为现已不复存在的歌手和听众而创作的。

“人们批评我，”罗西尼有一天说道，“觉得我作品中的渐强太夸张。可是如果没有这些渐强，我的作品将永远不会在巴黎歌剧院上演。”

在我们这个时代，听众是奴隶。我曾在某音乐厅的节目单上看到这样的话：“严禁一切带有赞许性质的行为。”过去，尤其是在意大利，听众才是主人，他们的品味就是金科玉律。听众在开场灯亮起之前便入席就座，因而一首有明显渐强的好的序曲同谣唱曲（cavatina）[12]、二重唱及合唱一样重要：人们是来听歌唱家演唱的，而不是来在歌剧院的座位上坐着的。在罗西尼的许多作品中——尤其以《奥赛罗》为代表——他朝现实主义歌剧创作迈进了一大步。虽然他可利用的资源相当匮乏，但他在《摩西》和《科林斯之围》（Le Siège de Corinthe）[13]中

（更不用说《威廉·退尔》了）达到的高度从未被人超越。正如维克多·雨果成功地证明过的那样，匮乏的资源对天才而言并非障碍，而充裕的资源却往往产生平庸。

我是经常到罗西尼晚宴做客的钢琴师之一，此外还有深受罗西尼喜爱的两位年轻人：斯坦济埃里（Stanzieri）[14]，很有魅力但是英年早逝；狄耶梅（Diémer）[15]，虽然年轻但已经是一位伟大的艺术家了。我们三人中的一个会在晚间娱乐活动中弹奏一些小品，都是罗西尼大师为了打发时间为钢琴写的。当罗西尼不亲自给歌手伴奏时，我便非常高兴地承担这个任务。罗西尼的钢琴伴奏精彩异常，因为他的钢琴演奏水平登峰造极。

可惜的是，在帕蒂（Patti）[16]第一次为罗西尼的晚宴献唱时我并不在场。现在我们知道，在她唱完《塞维利亚的理发师》中的咏叹调后，罗西尼照例对她赞赏一番，之后问道：

"你刚刚演唱的咏叹调是谁写的？"

三天之后我见到了罗西尼，他依然没能平静下来。

"我当然明白，"他说，"歌手应该对咏叹调加以修饰。咏叹调就是用来做这个的。但是一个音符都不按谱子来，甚至是在宣叙调中！这实在太过分了！"

盛怒之下，罗西尼抱怨说女高音歌手都坚持要唱这首本是为女低音所写的咏叹调，而根本不唱为女高音所写的段落。

而另一方面，这位大牌歌手也愤怒不已。仔细考虑之后，她觉得与罗西尼为敌实在不是小事，因此过了一阵她前来征求罗西尼的建议。她听从了这些建议，这对她而言实在是幸

帕蒂小姐

事，因为她虽然有杰出而迷人的才华，但在当时尚未完全发展成型。这件事情发生的两个月后，帕蒂在罗西尼的伴奏下演唱了《贼鹊》（La gazza ladra）[17] 和《赛密拉米德》。除了光辉灿烂的嗓音，她还表现出了绝对的精确性，而她日后的表演也一直如此精确。

已经有诸多文献讨论《威廉·退尔》问世后罗西尼过早终结事业的问题。[18] 人们常将之与拉辛创作《费德尔》（Phèdre）之后的处境 [19] 相比较。《费德尔》的失败是残酷而悲惨的，而一位无名小卒写的《费德尔》居然无耻地大获成功 [20]，这对拉辛来说更是雪上加霜。拉辛的“皇港人”（Port-Royalists）[21] 朋友们毫不犹豫地抓住了这个机会。“你失去了灵魂，”他们对拉辛说，“而现在你连成功都没有了。”但是后来，当拉辛再次提笔创作时，他为世人留下了《爱斯苔尔》（Esther）和《阿达莉》（Athalie）[22] 两部伟大的作品。

罗西尼习惯了成功。他明知已经超越了自我，却只收到了不温不火的反应，很难接受。这无疑应归咎于脚本作者伊波利特·比斯（Hippolyte Bis）[23] 夸张的遣词造句。但是其实从一开始，就有给《威廉·退尔》捧场的人；小时候我经常听人谈起它。虽然这部作品没有出现在巴黎歌剧院的节目单上，但它为音乐爱好者提供了额外的选择。

在我看来，倘若罗西尼自行结束了自己的艺术生涯，那是因为他已经没有更多可说的了。罗西尼是被成功宠坏的孩子，没有成功便无法存活下去。这出乎意料的敌意让一条长久以来川流不息的河断流了。

《音乐晚会》（Soirées musicales）[24] 和《圣母悼歌》（Stabat Mater）[25] 的成功激励了他。但是除了这些钢琴和歌唱小品外，罗西尼没再创作其他作品。这些小作品就如同一个即将逝去的音符的最后一次振动。

后来——很久以后——《小庄严弥撒》（Petite messe solennelle）[26] 问世，人们把它看得过于重要了。一位评论家写道："拉丁诗节（Le Passus）是一个饱受打击的灵魂发出的呐喊。"这部作品出自一位自信的专家之手，充满高雅之气，但仅此而已。写作《威廉·退尔》第二幕的天才笔触在这部作品中无迹可寻。

关于《威廉·退尔》第二幕，人们或许不知道，作者原本并没有以祷告结束这一幕；起义一般也不会以如此严肃的歌唱开始。但是在彩排时，齐唱《如果我们当中有叛徒》（Si parmi nous il est des traîtres）的效果无比震撼，剧团甚至不敢继续排练下去。于是他们将原来的结尾弃之不用，而序曲现在用这段令人陶醉的音乐收尾。这个原始版本的终曲现在尚存于巴黎歌剧院的图书馆中。恢复这个版本，让这美丽的一幕有一个自然的结束，将是有趣的尝试。

19
朱尔·马斯内

人们一直一味赞扬马斯内，有时称赞的是他横溢的才华，有时称赞的是他实际并不具备的优点。

我一直等到艺术院决定替换马斯内——或者应该说，让其他人补上他的位置[1]，因为伟大的艺术家是永远不会被替代的——才谈论他。继承他们的席位的人有自己不同的特质，却不会替代他们。马利布朗从未被替代过，维亚尔多夫人、卡尔瓦略夫人、塔尔马（Talma）[2]和拉歇尔（Rachel）[3]也是如此；也不会有人替代帕蒂、巴尔泰（Bartet）[4]或萨拉·贝纳尔（Sarah Bernhardt）[5]；亦不会有人替代安格尔、德拉克洛瓦（Delacroix）、柏辽兹和古诺。同样，永远不会有人能替代马斯内。

马斯内享有的地位是否恰当，是值得讨论的。或许他的学生对他的真正水平做出过评判，然而鉴于他们感激马斯内的谆谆教导，怀疑他们有所偏袒也是正当的。另外一些人则发表过对马斯内的作品的轻蔑言论，用“Saltavit et placuit”[6]这句名言玩弄文字游戏，安到他头上。马斯内会唱歌，也会流泪；而他们则认为艺术家讨好公众是不对的，应该遭到谴责，并以此攻击马斯内。考虑到如今流行的品味——偏爱令人震惊和不快的东西，在所有艺术形式（包括诗歌）中都是如此——这个说法或许有些道理。正如女巫的格言那样，“丑就是美，美就是丑”已经成了一套节目。人们已经不满足于仅仅观赏暴行的展览，他们甚至对那些经由时间沉淀下来的、几个世纪以来一直令人赞叹不已的神圣瑰宝都嗤之以鼻。

朱尔 · 马斯内

马斯内是音乐王冠上最耀眼的钻石之一，这是无可否认的。除了奥柏之外，还没有哪个音乐家能够赢得公众如此广泛的热爱。虽然马斯内不太看得起奥柏及以其为代表的乐派，但他们两人其实非常相似。他们都天资聪颖、作品繁多、风度翩翩、极为成功；他们的作品都深受同时代人的喜爱；他们都被指责为过分迎合听众。然而实际上，这是由于这两位艺术家的听众和他们自己有相似的品味，因而可以处在和谐的状态。

如今，只有反传统的音乐家才入得乐评人的法眼。好吧，看不起主流，逆潮流而行，通过自己的天才和活力击退主流大众的抵抗，从而迫使他们追随自己，这可以说是好事；但是一个人即使不这样做，也可以成为伟大的艺术家。

塞巴斯蒂安·巴赫的250首康塔塔并没有什么革命之处。这些作品总是以谱面速度演奏，常常是重要场合的选择。亨德尔经营剧院，上演他创作的歌剧和清唱剧。倘若亨德尔违背观众的品味，他的作品决计不会成功。海顿为艾斯特哈兹亲王的小教堂提供音乐；莫扎特为生活所迫不得不持续创作；罗西尼面对的公众毫无宽容可言，他们因为罗西尼作品序曲中的渐强而非难他，却不允许任何一部没有这样的序曲的作品上演。这些人都不反传统，却全都是伟大的音乐家。

对马斯内还有另一种批评的声音，说他太过肤浅、缺乏深度。众所周知，深度是时下的风尚。

的确，马斯内谈不上深邃，但这无关轻重。阿波罗的宫殿中也坐落着无数亭台楼榭[7]，正如我们的天父的宫殿一样。艺术涵盖的范围是无比宽广的。艺术家完全有权利沉潜到最深之处，探索灵魂的奥秘；但这只是权利而非义务。

古希腊艺术家虽然创作了无数杰作，却谈不上深邃。他们用大理石雕刻的女神十分美丽，而有美丽就足够了。

我们较早时期的雕塑家克洛迪翁（Clodion）[8]和夸塞沃（Coysevox）[9]也无甚深度；弗拉戈纳尔（Fragonard）[10]、拉·图尔（La Tour）[11]、马里沃（Marivaux）[12]亦是如此。然而他们为法国艺术学派赢得了荣耀。

任何事物都有其价值，因而也是不可或缺的。玫瑰以其鲜艳的色彩和扑鼻的芳香而与结实的橡木一样珍贵。艺术为各种各样的艺术家留有空间。不论是谁，都不应该妄自尊大地以为只有自己有能力涉足所有艺术领域。

一些人即使在处理熟悉的主题时也如同金王座上的罗马皇帝一般尊贵威严，但马斯内不属于这类人。他的魅力、吸引力和热情是狂热的而非深刻的。马斯内的旋律摇摆不定，许多时候与其说是所谓的旋律，不如说只是吟诵。这完全是他独特的风格。这些旋律缺少结构和格调；然而，在圣叙尔皮斯教堂（Saint-Sulpice）的圣器收藏室听到玛侬（Manon）跪在德古耶（Des Grieux）面前歌唱时[13]，谁又能无动于衷呢？谁又能不被这爱情的流露深深打动呢？当人们如此感动时，便失去了思考和分析的能力。

情感艺术之后，随之而来的便是颓废艺术；但这无关紧要。艺术中的颓废远算不上艺术的堕落。

马斯内的音乐对我有一种巨大的吸引力，如今已经很少见了：他的音乐是快乐的。现代音乐会对这种快乐皱起眉头。他们批评海顿和莫扎特的欢快；贝多芬《第九交响曲》的恢宏结尾洋溢着非凡的欢愉，而他们听到后却感到羞耻，扭过头去。惆怅万岁，无聊万岁！——我们的年轻人如是说。他们有一天会后悔失去了那些本可以欢乐度过的时光，而那时候已经晚了。

马斯内的天赋是惊人的。我曾经看到他躺在病床上，身体处于一个极度不舒服的姿势，却仍在看配器，翻页的速度快得令人担忧。通常，如此天赋很容易滋生懒惰，然而我们知道马斯内完成了海量的作品。有人批评他太过多产，但多产是大师才具有的品质。一位作品稀少的艺术家倘若能力足够，或许会成为有些特色的艺术家，但永远谈不上伟大。

在这个艺术群龙无首的时代，只要与野兽派为盟，马斯内就能与充满敌意的评论界和解，但他却在创作上树立了完美无瑕的榜样。他知道如何在结合现代主义的同时充分尊重传统。其实在这个时代，他完全可以将传统踩在脚下而被追捧为天才。作为作曲家中少有的大师，尽管困难重重，马斯内仍然掌握了作曲技巧中最难以捉摸的秘密。一些幼稚的头脑将扭曲、夸张同音乐科学混为一谈，马斯内对这些伎俩不屑一顾。他按照自己给自己设定的道路坚持不懈地走下去，毫不关心他人如何评判。

他能够理性地吸收国外的新鲜事物，精妙地将它们消化吸收；然而，他还是以纯粹的法国艺术家的身份呈现他的杰作，无论莱茵河畔的罗蕾莱（Lorelei）[14] 还是地中海里的塞壬（siren）[15] 都不能让他改弦更张。他对乐队的使用炉火纯青，不过他从不会为器乐牺牲人声，也不会为人声削弱器乐的色彩。最后，他还拥有最为伟大的天赋：生命力。这种特质无法定义，却总能为公众所感知，并能保证水平远不如马斯内的作品获得成功。

我们两人的友谊已经被谈论得很多了，而这种看法的根据只是马斯内很多次在公开场合展现过同我的友谊——但仅仅是在公开场合而已。倘若他愿意，我们完全可以成为朋友，而且这种友谊将会是全心全意的。可他并不愿意。他讲过——我却从未说过——我如何将他的一部作品搬上了魏玛的舞台，那里刚刚上演了《参孙》。他没有说的是，我告诉他这个消息时，他的反应冰冷淡漠，而我本以为会得到截然相反的待遇。从那之后我再也不管了。我满足于为他的成功而高兴，不再期待他的回报。自从他有一次跟我坦白之后，我就知道这是不可能的了。

柏辽兹、吉罗和德利布都是我的朋友、并肩作战的战友，而马斯内是对手；因此，他对我的高度评价更有价值。马斯内推荐他的学生研究我的作品，这对我而言实在是种荣耀。我提到我们的关系仅仅是为了说清楚：当我谈论马斯内在音乐上的重要地位时，完全是出自艺术家的良知，我的真诚是不容置疑的。再说一句：很多人模仿马斯内，但他从不模仿别人。

20
迈耶贝尔

1

谁能想到，《胡格诺教徒》和《先知》的作者也居然会有需要正名的一天？要知道，这个人曾经征服过欧洲的每座舞台，他的统治力异常强大，看起来好像会万古长青。我可以列举出很多著作，其中对所有过去的作曲家一律都予以褒扬——不论他们是不是够资格，却独独指责迈耶贝尔一人，认为他有很多缺陷。可是，其他作曲家也不是没有不足之处。我之前在别的场合说过，现在有必要在这里重复：作曲家与其作品之所以伟大，是因为有闪光点，而不是因为毫无缺点。完美无瑕并非总是好事，过于常规的面孔和过于纯粹的声音都没有表现力。倘若世界上不存在所谓完美，那必是因为完美并不需要存在。

我不属于那种充满偏见的教派，假惺惺地认为彼得完美无缺，保罗一无是处；同样，我也尽力不去相信《胡格诺教徒》

的作者没有丝毫缺陷。

迈耶贝尔

迈耶贝尔最严重但也是最情有可原的缺点，是轻视韵律，不认真对待交托给他的诗句。如此问题之所以可以原谅，是由于当时的法国乐派对传统不屑一顾，给迈耶贝尔树立了坏榜样。不过，同为外国人的罗西尼却没有受到如此影响；他甚至将音乐和文本节奏结合，达到了精美的效果。《威廉·退尔》的著名片段就是一个例子：

那些日子被他们放逐，	Ces jours qu'ils ont osé proscrire,
我没有阻止他们，	Je ne les ai pas défendus.
父亲，我应受你的诅咒！	Mon père, tu m'as dû maudire!

倘若罗西尼没有在常人事业刚刚起步的年纪就隐退，而是为我们再创作两三部作品的话，他的光辉榜样本可以重振吕利以来的古老原则——它们一直是法国歌剧的基石。相反，奥柏横空出世，随之而来的是被意大利音乐征服的整整一代人。奥柏甚至敢将法语歌词写成意大利语的节奏。著名二重唱 Amour Sacré de la patrie（法文“祖国神圣的爱”）[1] 的歌词韵律让这首歌听起来像是 Amore sacro della patria（意大利文，意义同上）。只有阅读曲谱才能发现这一现象，因为从没人按谱面演唱。

所以，从某种程度上来说，迈耶贝尔的错误是可以原谅的；

但在这类问题上，他似乎过于放肆了。为了原汁原味地保留他的音乐形式——即使在其实只是配乐朗诵的宣叙调中——迈耶贝尔将重音放在弱读音节上，或将重读音节弱化；他添加了一些词，毫无必要地生造出诗句，又将本已糟糕的诗句改成更加糟糕的散文。迈耶贝尔本来只需要对音乐略加修改，就可以避免所有这些文本上的拙劣表现，同时不会对整体效果造成任何负面影响。交到作曲家手中的诗句总是质量低劣，这似乎是一种风尚。作者觉得将这样的东西交给合作伙伴便已经是尽职尽责了：

我所热爱的胜利，	Triomphe que j'aime!
你如此令人惊骇。	Ta frayeur extrême
奋不顾身冲向前，	Va malgré toi-même
将你带到我身边。	Te livrer à moi!

但是当斯克里布（Scribe）[2] 放下簧管转而为七弦琴写作 [3] 时，他为迈耶贝尔创作了如下诗句：

我想惩罚他们……你超越了他们！

J'ai voulu les punir... Tu les as surpassés!

而迈耶贝尔改为：

我想惩罚他们……且你超越了他们！

J'ai voulu les punir... Et tu les as surpassés!

这可真不怎么高明。

迈耶贝尔还有其他一些怪癖，其中最著名的也许是将按理本应属于乐器的音乐安排给人声。在《先知》第一幕中，合唱团唱罢“守护于我们”（Veille sur nous）后，迈耶贝尔并没有安排他们停下来换气，准备接下来的演唱，而是让他们突兀地重复：“于我们！于我们！”乐队同时演奏的音符往好里说，也只是在重复合唱。

同样，在宏伟的教堂场景中，迈耶贝尔的做法不是以乐队来表现菲戴斯的啜泣［而你，你却不认识我（Et toi，tu ne me connais pas）］的音乐情感，将人声置于辅助地位，而是让乐器和人声同时出现，歌词和音乐根本不和谐。

关于迈耶贝尔对巴松管的过度喜爱我就不多说了。它的确是种美妙的乐器，但是滥用是不明智的。

但到目前为止，我们谈的都是细枝末节。就如一位智慧的女士曾经对我说的那样，迈耶贝尔的音乐像舞台布景，不应对它太过仔细。再没有比这更好的比喻了。迈耶贝尔属于剧院，他的首要追求是舞台效果；但这不意味着他忽视细节。迈耶贝尔十分富有，他总是自掏腰包补偿自己给剧院造成的额外支出——他让乐团尝试不同版本的音乐以供选择，排练次数因而暴增。他并不像大多数人那样，将作品贴上“不可更改”的标签呈现在公众面前，仿佛乐谱是镌刻在青铜器上一般，而总是在不断摸索自己的方式，修订作品，追求更好的效果；不过，这种做法却往往产生不了好作品。他反复钻研的结果就是时常将好主意变得不那么好。例如，在《北方的明星》（L'Etoile du nord）[4] 中“乌克兰的孩子——沙漠之子”（Enfants de l'Ukraine—fils du désert）一段，开篇气魄宏大、意志坚定、如诗如画，但结尾却非常差。

迈耶贝尔总是独自生活、居无定所。他夏天会在斯帕（Spa）[5]，冬天则去蓝色海岸（Côte d'Azur）[6]，只在有事要办时才会去大城市。在经济方面，迈耶贝尔可以高枕无忧，他活着就是为了继续创作佩涅罗珀（Penelope）[7] 般的作品。这些作品表现出作曲家对完美的追求，尽管他从未找到通向完美的最佳路径。人们想将这位勤勤恳恳的艺术家列入追名者之辈，然而那种人一般可不习惯像他这样工作。

既然我用了艺术家一词，便有必要在此停顿一下。与其说格鲁克和柏辽兹是音乐家，不如说他们是伟大的艺术家；而迈耶贝尔则与他们不同，他更大程度上是音乐家，而不是艺术家。因而，他通常使用了最为精细考究的手法，却只达到了很普通的艺术效果。但是即便是这样的效果都是很多人的作品根本无法企及的，因此在此事上苛求迈耶贝尔也就毫无理由了。

迈耶贝尔一度是歌剧界毋庸置疑的泰斗；是罗伯特·舒曼的抨击首次动摇了他的崇高地位。舒曼对舞台一无所知，他曾经在这个领域做出一次尝试，却不幸以失败告终。[8] 舒曼认为音乐艺术只能用一种方式表现，对迈耶贝尔的攻击十分猛烈，批评他品位低下，作品充满意大利倾向。然而舒曼忘了：莫扎特、贝多芬和韦伯等大师为舞台创作时，也极大地受到了意大利艺术的影响。后来，瓦格纳派的人想将迈耶贝尔挤出舞台以为自己腾出空间，于是他们支持舒曼的严酷批评。尽管在冲突之初，瓦格纳派和舒曼的关系堪比安格尔和德拉克洛瓦以及他们分别领导的画派[9]，但是在共同的敌人面前，他们组成了联合战线，法国评论界也群起响应。评论界完全忽略了柏辽兹的意见：尽管柏辽兹在很长时间内对迈耶贝尔都颇有微词，但后来他承认迈耶贝尔堪称大师，并在《配器法》一书中为他戴上了不朽的桂冠。

顺便说一下，倘若音乐史中有哪一页称得上出乎意料的话，那一定是人们固执地将柏辽兹和瓦格纳归为一类。除了对艺术的无比热忱和对成规戒律的怀疑外，两人毫无共同之处。柏辽兹对等和弦转调、接二连三的不明确解决的不协和和弦、持续不断的旋律以及一切现在的未来主义音乐手法都厌恶至极。他甚至公开声称完全不能理解《特里斯坦与伊索尔德》序曲——这肯定是真心诚意的，因为几乎在同时，柏辽兹对以完全不同的方式构思的《罗恩格林》序曲称赞有加，视其为杰作。柏辽兹不赞同牺牲声乐，把它降级成交响乐团的一个简单组成部分；而瓦格纳则极力表现出柏辽兹作品中所不具备的优雅与艺术气息。柏辽兹为交响乐团打开了一扇通向新世界的大门；瓦格纳投身于这片未知的原野，寻找到大片等待耕耘的土地。然而两人的风格竟是如此迥然不同——无论是对乐团和人声的处理、对音乐的建构还是对歌剧的理解，都是如此。

《特洛伊人》和《本韦努托·切利尼》两部歌剧都是很有价

值的作品，不过柏辽兹的光芒还是主要在音乐厅里闪耀；而瓦格纳的强项是剧院作品。在《特洛伊人》中，柏辽兹效仿格鲁克的意图十分明显；而瓦格纳则毫不掩饰对韦伯——尤其是《欧丽安特》（Euryanthe）[10]——的学习。瓦格纳或许还受到了马施纳（Maschner）[11]的影响，但他从未这么说过。

对两位天才的作品研究得越细，就越能够感觉到两人之间的巨大差异。两人的相似之处只是一些常被评论家误当作现实的幻想罢了。这些先生们还曾经在罗西尼的《赛密拉米德》中找到了本土色彩呢！

汉斯·冯·彪罗（Hans von Bülow）[12]在某次谈话中对我说：

“不管怎么说，迈耶贝尔是个天才。”

忽视迈耶贝尔的天才不仅不公正，甚至是不知感恩。对歌剧的理解、配器、对合唱团的运用、甚至舞台布局——从每一个方面来看，迈耶贝尔都为我们创立了新的原则，现代作品从中获益匪浅。

泰奥菲勒·戈蒂埃虽然不是音乐家，却有很好的音乐品味。他对迈耶贝尔做出了如下评价：

“迈耶贝尔除了有出色的音乐才华，还有对舞台极强的直觉。他能深入场景的核心，准确把握台词的含义并观察到他所描述的对象的历史背景和地域色彩……对歌剧有如此程度的理解的音乐家屈指可数。”

意大利乐派的成功似乎完全破坏了这种对历史和地域色彩的理解与关注。罗西尼的《威廉·退尔》和《奥赛罗》最后一幕标志着这种传统开始复兴。他的大胆举措值得赞许，但是完全恢复了它过去辉煌的是迈耶贝尔。

迈耶贝尔的个性是显而易见的。他有偏向德国的趋势，接受的是意大利教育，却又钟爱法国文化，这样的融合产生了光辉灿烂的成果，为音色带来了新的深度。他的风格是独一无二的。布鲁塞尔音乐学院的著名院长费蒂是迈耶贝尔的崇拜者兼好友，他坚持推崇这种独特的风格，这是有道理的。迈耶贝尔风格的典型特征是将节奏性的元素置于重要地位。他的芭蕾音乐之所以出色，在很大程度上要归功于对多种优美节奏的运用。

迈耶贝尔放弃冗长复杂的序曲而采用短小而特色鲜明的前奏曲，这个做法大获成功。《恶魔罗勃》和《胡格诺教徒》的前奏曲被后来许多作品效仿，包括《罗恩格林》《浮士德》《特里斯坦和伊索尔德》《罗密欧与朱丽叶》《茶花女》（La Traviata）[13]、《阿依达》（Aida）[14]以及其他不这么出名的作品。在威尔第的最后两部作品和里夏德·施特劳斯的《莎乐美》（Salome）[15]中，两位作曲家做出了更大胆的尝试，出人意料地直接砍掉了前奏曲，这不太受欢迎——这就好像晚餐没有汤。

迈耶贝尔的作品中已有主导主题（Leitmotiv）[16]的影子。在《恶魔罗勃》中，当贝特拉姆（Bertram）走向舞台后方时，乐队再次重现芭蕾主题。这一重现是在向听众暗示贝特拉姆的恶魔性格。同样的手法也运用在《胡格诺教徒》中的路德（Luther）之歌里，《先知》中扬（Jean）所唱的宣叙调描绘的梦境也是如此。这里乐团转调演奏，预示之后的大教堂辉煌场景；琉特琴演奏低音，小提琴悠扬的声音缓缓织入，制造出前所未有的震撼效果。他将莫扎特在协奏曲中经常运用的木管合奏（这里不是说铜管）引入歌剧舞台。《恶魔罗勃》第二幕中爱丽丝（Alice）的出场便是这一技法很好的体现。《罗恩格林》第二幕艾尔莎（Elsa）出场时也运用了同样的技法。《先知》开篇贝尔特（Berthe）和菲戴斯的出场也使用了木管重奏。在这里，作者的用意是暗示后面是一段哑剧，不过这段戏从未上演过，因此也就失去了意义。

迈耶贝尔大胆尝试使用一些当时被认为轻率的和声。人们觉得自那之后耳朵变得更敏感了，而实际上是因为不得不忍受最为暴烈的不协和和弦，耳朵早已麻木了。

《先知》第四幕中，驱魔术的发展过程非常美丽，但也不是没有质疑之声。如今我仍然可以看到古诺坐在钢琴前演唱这段备受争论的音乐，极力想要让一群倔强顽固的观众接受它的美丽。

迈耶贝尔发展了英国管的作用——在他之前的作曲家极少使用英国管，即使用也是小心翼翼。他还将低音单簧管加入交响乐团中。然而，这两种乐器在迈耶贝尔的作品中仍然显得有些不平常。它们是奢侈的象征，是显赫的陌生人。众人尊敬地向它们致意，不过它们却没什么重要的作用。在瓦格纳的安排下，英国管和低音单簧管正式进入了乐器家族；如我们所知，它们为乐团带来了丰富的音响色彩。

我们并不确切知道，究竟是迈耶贝尔还是斯克里布为《先知》的大教堂场景设计了迷人的舞台布局。我想一定是迈耶贝尔，因为从性格上来看，斯克里布并不是一个求新的人，而这个场景非常标新立异。一大队表演者在舞台上从教堂正厅行进到合唱团处，一直保持与观众的距离。辉煌的场面现实感极强，引人入胜。然而为戏服花去大量金钱的导演却不能理解为何队伍在舞台各处走来走去，但就是不在距离观众最近的脚灯前停留。不过，找到其他的行进方式也是极端困难的。

此外，轮滑芭蕾这个有趣的主意也是迈耶贝尔想出来的。当时在巴黎，一个有意思的家伙发明了旱冰鞋。他经常在美好的夜晚去协和广场（Place de la Concorde）[17]，在宽阔的水泥地面上练习这项他最喜欢的运动。迈耶贝尔看到了他，产生了发明这种著名芭蕾舞的念头。这部歌剧刚开始上演时，穿着旱冰鞋的舞者随着合唱翩然而至，小提琴的节奏配合着他们的动作，真是引人入胜的景象。但是演出从 7 点开始，要到子夜才能结束；而现在演出改为 8 点开始，由于时间缩短了一个小时，表演者必须加快速度。因此，这段有些问题的合唱不得不被牺牲掉。这对《胡格诺教徒》的演出效果产生了负面影响。在最后一幕中，作者试图通过教堂中优美的合唱（路德之歌的发展）和即将到来的大屠杀的恐怖气氛来传递丰富的内容。然而这一幕屡次被删减，已经面目全非了。有些国外的剧院甚至完全砍掉了这一幕。

我曾经看过一次最后一幕的完整演出，有6架竖琴为那首著名的三重唱伴奏。然而6架竖琴的阵势再也难以见到了，这是因为加尼耶（Garnier）[18]并没有把老歌剧院的乐团布局原样照搬到新剧院。在他别出心裁的安排下，以前的6架竖琴摆不下了，迈耶贝尔用来在《恶魔罗勃》和《先知》中达到惊人效果的4架大鼓也无处安置。不过我相信，近期的一些改进在一定程度上避免了这样的灾难。如今大鼓的空间是有了，但6架竖琴是再也听不到了。

我们有必要探讨一下迈耶贝尔作品的缘起，因为在很多时候这个问题非常令人好奇，但知道答案的人却没几个。

2

或许人们愿意看到作品整个从作曲家的大脑中跳出来，就像密涅瓦从乔夫的头中诞生一样[19]，然而绝大多数时候都不是这样。如果我们研究一下格鲁克的一系列歌剧，就会惊奇地发现许多片段似曾相识——它们曾经在那些令格鲁克名垂千古的伟大作品中出现过。而且，这些片段往往被改编成不同的形式，应用于完全不同的场合。信徒的话语可以变成高级教士的神奇预言；《奥尔菲斯》中的三重唱充满细腻的爱意和极度的欢愉，但若是赋予其悲伤的唱腔，也可以令人心灵颤抖，隐隐作痛。这些音乐完全是为截然不同的情形而作，却也十分熨帖。马斯内曾经说过，他的《图勒王之杯》（La Coupe du roi de Thulé）[20]就是从自己未出版的作品中东拼西凑而来的。格鲁克的《帕里德与爱莱娜》也是如此而来，这部作品没有获得成功。我也要承认，《亨利八世》中的一段芭蕾舞曲来自一部独幕喜歌剧的终曲。那部剧本来已经写完了，并且准备开始排练，但一切却都停止了，因为我居然向喜歌剧院总经理内斯托尔 · 洛克普兰（Nestor Roqueplan）[21] 坚持，莫扎特的《费加罗的婚礼》才是真正的杰作。

迈耶贝尔比其他人都更努力不忘记自己的想法。研究这些想法的转变非常有趣。一天，负责巴黎歌剧院档案管理的尼泰（Nuitter）[22] 了解到在柏林有一场重要的手稿交易会。他参加了交易会，买回了大量迈耶贝尔的手稿，其中包括为一部《浮士德》所做的研究，而迈耶贝尔从未完成过这部作品。从这些片段来看，无法判断作品会是什么样子。我们看到浮士德和梅菲斯托费勒斯走在地狱中；他们来到冥河河畔的人类智慧之树旁，浮士德摘下了树上的果实。从这一细节可以看出脚本是多么离奇。如此脚本的作者是何人不得而知，但是迈耶贝尔很快放弃了这样的脚本实在不奇怪。在作曲家的要求下，斯克里布基于这部流产的《浮士德》创作了《恶魔罗勃》。浮士德在冥河河畔演唱的咏叹调成了《恶魔罗勃》中的《地狱华尔兹》（Valse Infernale）。

使用以前的片段十分必要，这就是这部晦涩难懂的作品中存在一些不连贯之处的缘故。同样，迈耶贝尔为何创造半人半魔的贝特拉姆也就有了解释——他是梅菲斯托费勒斯的替身。第三幕中，人类智慧之树的果实以圣枝（Rameau vénérée）的形象出现；而第五幕中美丽的宗教场景和剧情无关，只是移植了复活节的场景。

因而，考虑到斯克里布面临的重重困难，我们实在不应责备他写出了如此糟糕的作品。罗勃的母亲在第一幕中叫作贝尔特，而在第三幕中却叫作罗莎莉（Rosalie），这一定令作家如坠五里雾中。不过，原因或许是她信教之后改了名。

后来，斯克里布应要求创作《北方的明星》，这不比写《恶魔罗勃》容易多少。迈耶贝尔任柏林歌剧院指挥时创作了《西里西亚一军营》（Ein Feldlager in Schlesien）[23]。腓特烈大帝（Frederick the Great）[24]是剧中的英雄，而珍妮·林德（Jenny Lind）[25]唱女主角。众所周知，腓特烈大帝本人是音乐家，他不仅创作音乐，还演奏长笛；而珍妮·林德则是伟大的歌唱家，有“瑞典夜莺”的美誉。看起来夜莺与长笛之间必有一场较量，否则也就没有什么戏剧直觉可言。然而在斯克里布的作品中，彼得大帝（Peter the Great）[26]取代了腓特烈大帝的位置。为了给最后一幕的装饰音提供一个动机，这位还是半野蛮人的恐怖沙皇也就得学会演奏长笛了。

这部荒唐的歌剧中还有许多细节根本不值得描述，比如沙皇如何跟一位头顶面包篮出场的年轻糕点师学长笛，以及这位糕点师之后如何成为领主，诸如此类。舞台上可以荒唐，如果歌剧能让人们将这荒唐忘掉的话，并不是不可以。但是就这部作品而言，它的荒唐根本无法令人忘怀。脚本华丽得夸张，为音乐家带来了很多麻烦。总谱非常有意思，却很不平衡，不过其中也有大量细节值得专业音乐家关注。总谱中甚至不时出现美丽的乐段，有些地方非常优美迷人，同时也有幼稚和粗俗得令人震惊的部分。

《北方的明星》精心制作的上演预告在很长时间内调动了公众的好奇心。正式上演时，这种好奇心达到了高潮。起初，这部作品有像巴塔伊（Battaille）[27] 和卡罗琳 · 迪普雷（Caroline Duprez）[28] 这样的音乐天才加盟，大获成功，但是不久它的受欢迎程度便一路下滑。富尔和帕蒂女士在伦敦的几次演出很精美，不过我们可能再也见不到类似的表演了；无论从艺术还是从作者的角度看，我们也不应该再看到了。

《胡格诺教徒》不是拼凑而来的作品，但它呈现在公众面前的样子并不是作者本来的意图。第一幕开头，作者精心设计了一个杯子与球的游戏；然而球需要准确地在总谱标记的时间点击中目标，而表演者从来没有成功地做到。这个段落不得不被删去，但是在巴黎歌剧院图书馆有存档。在筹划圣巴托罗缪（St. Bartholomew）大屠杀的会议上，凯瑟琳 · 德 · 美第奇（Catherine de Médicis）本应出席 [29]，但这一段也不得不被删除。她的角色与圣 - 皮里斯（Saint-Bris）[30] 合并。最后一幕的第一个场景也被砍掉。该场景描绘的是蓬头垢面、浑身血污的拉乌尔（Raoul）[31] 打断欢乐的舞会，向惊讶的舞者宣布大屠杀的消息。

据说，作为全剧高潮的那首绝妙的二重唱是在排练中应努利特（Nourritt）[32] 和法尔孔女士（Madame Falcon）[33] 的要求现场创作的。这个传说是否可信有待考证，我个人很难相信这样的说法。众所周知，歌剧取材于梅里美（Mérimée）的《查理九世年表》（Chronique du règne de Charles IX）[34]。二重唱的那个场景在小说中就有，要说迈耶贝尔忘了把这段情节加到歌剧里，那是非常不可能的。事实更可能是：歌剧院的人希望这一幕以宏伟辉煌的《匕首的祝福》（La Bénédiction des poignards）结束，而作者为了满足他的表演者的要求，只好把本来在作品中的二重唱去掉。如此悦耳优美、充满创意的场景绝不会是匆忙写成的。演唱这首二重唱必须尊重作者的意图和他希望表达的微妙的音乐色彩，而不能将这些用低品位的“创作”取代——竟然有人敢把这类低劣的货色称作传统。真正的传统已经丢失，而如此迷人的场景也失去了它的美丽。

这首二重唱的结尾方式并未引起足够重视。拉乌尔有一句歌词：“上帝！守护她的生活！仁慈的上帝！”（Dieu! Veille sur ses jours! Dieu secourable!）唱这句词时，歌手的声音一直延续，最后由乐队结束。这首歌开创了这种手法的先河，现代作品经常使用。

迈耶贝尔究竟为何要让舞台上的教派分裂人士扬·胡斯（法文 Jean Huss）[35] 叫莱顿的扬（法文 Jean de Leyde）[36] 这个名字，我们不得而知。我们也无法知道这是他自己的想法，还是斯克里布的提议——后者把扬写成了一位杰出人物。唯一为人所知的是，先知母亲的角色原计划请斯托尔茨夫人（Madame Stoltz）[37] 饰演，不过她离开了巴黎歌剧院。迈耶贝尔在维也纳欣赏了波利娜·维阿尔多夫人的演唱，在她身上找到了自己心中完美形象的典范，因而为她创作了令人敬畏的菲戴斯一角。扬的角色由男高音罗歇（Roger）[38] 扮演。这位喜歌剧院的明星无论是演技还是唱功都非常出色。在《胡格诺教徒》中饰演马塞尔（Marcel）并在《恶魔罗勃》中饰演贝特拉姆的勒瓦瑟（Levasseur）[39] 在该剧中扮演扎沙里耶（Zacharie）。

尽管意大利学派当时风头正劲，不过《先知》依然大获成功。然而我们现在只能看到它的不足而非优点。迈耶贝尔由于从不运用自己不了解的音乐理论而遭受批评，却没有人肯定他的大胆无畏——这在他那个时代是难能可贵的。没有人能够像迈耶贝尔这样，用如此宽广辉煌的笔触描绘教堂场景。对《上帝保佑国王》（Domine，Salvum Fac Regem）[40] 的改编体现了作曲家的天赋。迈耶贝尔对管风琴的处理和关于《双簧管游戏》（Sur le jeu de hautbois）间奏曲的想法都堪称绝妙。间奏曲在童声合唱之前出现，起到引子的作用。这支曲子是基于一个全新的主题建构的，合唱团、乐队和管风琴一起出色地发展了这个主题。场景最后，转调的《上帝保佑国王》突然再度出现，个性突出、色彩丰富。

3

《普洛厄梅尔的宽恕》（Le Pardon de Ploërmel）[41] 背后的故事非常有趣。这部剧本来叫《迪诺拉》（Dinorah），迈耶贝尔从国外借鉴了这个名字。不过迈耶贝尔喜欢在排练阶段不断更改作品的名称，以将观众的好奇心保持在强烈狂热的程度。他想写一部独幕喜歌剧，于是向他最喜欢的合作者朱尔·巴尔比耶和米歇尔·卡雷要脚本。两人创作了三个场景的《迪诺拉》，但是剧中只有三名角色。音乐的创作很快完成了，歌剧交到著名的剧院经理佩林手上。不幸的是，佩林的负面影响很快显现出来了。那时候，剧院经理拿到作品后的第一个念头就是要求改动。“您这样的大师就写一部独幕剧？这合适吗？这之后能演什么呢？迈耶贝尔的新作，必须占据整个晚上啊！”这位狡猾的经理就是这样讲话的；而且他的建议被采纳的可能性很大，因为迈耶贝尔极度热衷于修改润色。于是，作曲家带着总谱到了地中海边，在那里度过了一个冬天。第二年春天他回来时，作品已经扩展为三幕歌剧，其中有合唱，还加入了许多次要角色。除此之外，他还写了一些歌词，这本应该是巴尔比耶和卡雷的工作。

排练非常枯燥。迈耶贝尔希望富尔和卡尔瓦略夫人担纲主演，但是前者在喜歌剧院工作，而对后者而言抒情歌剧院才是她的主场，于是排练在法瓦尔广场（Place Favart）和沙特莱广场（Place du Chatelet）间来回进行[42]。但是作曲家的犹豫归根结底只是借口；迈耶贝尔真正希望的是能够确保利姆南德（Limnander）[43]的歌剧《白与蓝》（Les Blancs et les Bleus）推迟上演。和《迪诺拉》一样，这部作品的情节发生在布列塔尼（Brittany）。为了能赢得迈耶贝尔，两家歌剧院都拒绝了可怜的利姆南德。《迪诺拉》最后花落喜歌剧院。在迈耶贝尔的严格要求下，大家付出了长期艰苦的努力，最终卡贝尔夫人、富尔先生和圣－富瓦（Sainte-Foy）[44]完美演绎了这部作品。

第三幕开头，猎人、割麦人和牧人共唱一曲祷歌的场景在当时备受批评。人们觉得这不够戏剧化；如今，这段戏堪称佳作。

关于《非洲女郎》（L'Africaine）[45]的谈论颇多。这部剧让人等待了太长的时间，似乎都快成了神秘的传奇；就这个方面来说，如今仍是这样。没人关心歌剧的主题；人们只知道作者试图寻找一个称心如意的人来诠释他的作品，却没能实现愿望。

之后，一位在意大利接受教育的德国歌唱家玛丽·克鲁韦利（Marie Cruvelli）[46]出现了。她拥有惊人的美貌和天籁般的声音，在歌剧世界的苍穹中如流星般耀眼。在她身上，迈耶贝尔发现了自己的非洲女郎。在作曲家的要求下，她来到巴黎歌剧院演唱；借着她到来这个机会，《胡格诺教徒》得以重排，新版闪亮登场。迈耶贝尔还为这个版本写了新的芭蕾音乐，不过如今我们无法知道当时的《胡格诺教徒》是什么样子了。之后迈耶贝尔又回头着手于《非洲女郎》。他一度几乎每天都去造访这位优秀的歌唱家，关注排练进度——直到突然有一天，玛丽宣布自己要退出舞台，去做维吉尔伯爵夫人（Comtesse Vigier）！迈耶贝尔很是气馁，他把未完成的手稿扔进抽屉，就这样一直搁置，直到玛丽·萨斯（Marie Sasse）[47]的出现。她的嗓音已经发展成熟，技术大幅度提高，迈耶贝尔终于决定把塞利卡（Sélika）[48]一角交给她。他希望富尔饰演乃卢斯科（Nélusko）。富尔当时已经在巴黎歌剧院工作，所以他让管理方同时邀请了意大利男高音瑙丁（Naudin）[49]。

然而就在维吉尔伯爵夫人结婚以来的这一段很长的时间中，斯克里布去世了；迈耶贝尔现在只能孤军奋战。他一如既往地过分倾向于做各种修改，因而就按照自己的想法重新改编了《非洲女郎》。当改编完成时，作品已经成了四不像，而迈耶贝尔打算在排练中将它完成。

我们知道，迈耶贝尔的去世来得很突然。他意识到自己将不久于人世，然而也知道自己必须出席《非洲女郎》的演出，因而竭力抗拒死神的来临。但是这种抗拒也只能停留在口头上——他已经不能动笔了。公众对《非洲女郎》已经等得不耐烦了，所以制作方打算就用现有的曲谱将作品搬上舞台。

佩林和杜洛克打开迈耶贝尔留下的一包手稿，两人吃惊不小——《非洲女郎》不见踪影。

“没关系，”佩林说，“人们想看《非洲女郎》，那么就给他们。”

佩林找来了迈耶贝尔的热情崇拜者费蒂。佩林、杜洛克和费蒂三个人从迈耶贝尔留下的凌乱的手稿中生造出了一部歌剧，这就是我们如今所知的《非洲女郎》。他们为此费了很大功夫，成品中多有不连贯之处，从原稿删减了不少内容，甚至还新加了一些东西。剧中，塞利卡在地图上认出了马达加斯加，地图的点子是佩林提出的。他们把角色安排在那里，是为了解释为何女主角被冠以“非洲女郎”的名字。第四幕本应该在印度发生，但是为了避免将角色转移到那里，他们将婆罗门教引入了马达加斯加。马上就要首演的时候，三个人才发觉这歌剧太长了，于是就删除了原稿中一段野蛮人击鼓的芭蕾。他们就这样无情地删减、缝合。最后一幕中，孤独垂死的塞利卡本应该看到婆罗门教的天堂在幻觉中出现，可是富尔希望在终曲中再次现身，所以三人不得不将第三幕中的一部分移植过来，取代幻觉的场景。这就是乃卢斯科会如此迅速地死于毒花致命的香气，而塞利卡却能抵抗很久的原因。女王凝视着远远消失在海平面上的舰队，幕布落下，塞利卡的咏叹调的间奏本应在此时演奏，现在却成了加演的信号——这是迈耶贝尔最不希望看到的。

但是最糟糕的莫过于费蒂擅自改动配器。为了向阿道夫·萨克斯（Adolphe Sax）[50]致敬，他用萨克斯管取代了迈耶贝尔本来用的低音单簧管。这样做的后果就是不得不删掉以"哦，波涛中的天堂"（O paradis sorti de l'onde）开头的咏叹调中的一段，因为萨克斯管无法演奏出很好的效果。费蒂还允许佩林将一段男低音独唱改编为合唱，也即那首主教合唱；但原曲宽广的音域很不适合合唱。许多低劣的篡改简直是在伪造经典……

我们无法想象，倘若斯克里布没有去世，同迈耶贝尔一起让《非洲女郎》成型的话，这部歌剧会以怎样的面目呈现在世人面前。我们现在看到的这个版本既没有逻辑又不完整。其中一些歌词简直就是畸形，倘若斯克里布在世，绝对会删掉它们。那首著名的二重唱就是如此：

哦我的塞利卡，你主宰我的灵魂！

O ma Sélika, vous régnez sur mon ame!

——啊！不要说出这些残忍的话！

—Ah! ne dis pas ces mots brûlante!

它们让我在丧失理性……

Ils m'égarent moi-même...

然而这段无可救药的片段的配乐却不乏欣赏者，其中一些还十分狂热——这或许是因为在这部剧推出时，迈耶贝尔的名字还有着十足的分量。我们无法否认，在这一片狼藉中的确存在一些美的东西。第四幕中的宗教仪式和由低音提琴拨弦伴奏的婆罗门宣叙调算得上是其中的例子，然而后者并不受欢迎；演奏者只是例行公事地完成乐段，让它失去了力量和气魄。

在文章的开头我说过，我们对于迈耶贝尔太不知感激。这种不感恩的态度在法国尤其不应该，因为迈耶贝尔热爱法国。只要他开口，欧洲所有的歌剧院都会向他敞开大门，但他却对巴黎的歌剧院情有独钟，甚至对喜歌剧院也不例外——那里的合唱团和交响乐团的水平实在是有待提高。《安茹的玛格丽特》（Margherita d'Anjou）[51]和《十字军战士在埃及》（Il crociato in Egitto）[52]在意大利上演后，迈耶贝尔来到巴黎工作。此时他发现自己不得不像罗西尼和多尼采蒂那样去迎合法国人的口味。多尼采蒂为喜歌剧院创作了《军中女郎》（La Fille du régiment）[53]。这是一部军事题材的爱国作品，其中的《向法国致敬》（Salut à la France）辉煌无比，引发了极大的反响。如今没有外国人会如此煞费苦心了。《纽伦堡的名歌手》的结尾是对德国艺术的赞颂，法国观众也会鼓掌喝彩，这可谓巨大的进步！

这里有必要谈一下鲜为人知的《施特林泽》。它是为一部戏剧而作，但这部剧质量太低，以至于埋没了本应取得成功的音乐。作曲家在这部作品中呈现出比他的其他任何作品都要多的艺术气质。它应当在奥德翁（Odéon）剧院[54]和朱尔·巴尔比耶的同题材作品一同演出。以前的音乐会上也演奏其中的序曲和波罗乃兹舞曲，但是它们像《威廉·退尔》序曲一样消失了。这些序曲不是可有可无的。《威廉·退尔》序曲以其不同寻常的创举——使用了5把大提琴——和原始版本开篇风暴般的气势著称，更不用说优美的田园歌段落。《施特林泽》开篇深沉精致的音色和主题的赋格发展也不可小视，不过有人说所有这些缺少升华和深度。或许是吧，但是先下地狱后升天堂并不总是必要的手法。这些序曲比格里格（Grieg）的《培尔·金特》（Peer Gynt）[55]肯定蕴含了更多的音乐——后者我们听得实在太多了。

说得够多了。我必须停下对歌剧的讨论，因为如果要继续探讨迈耶贝尔的其他音乐，就需要做专门研究，而那样我们就离题太远了。我希望这篇文章可以扭转一些不必要的偏颇看法，将本文的挑剔读者的注意力引向这位一直以来备受公众欣赏和称赞的伟大音乐家。

21

雅克·奥芬巴赫

预测未来是危险的。不久前我谈过奥芬巴赫，承认他有惊人的天赋，但也批评他挥霍浪费了如此天赋。我当时太过鲁莽，甚至说以后的人们可能都不会知道他。现在，后辈证明了我的错误，因为奥芬巴赫再次受到了追捧。我们这个时代的作曲家已经忘记：莫扎特、贝多芬和塞巴斯蒂安·巴赫有时也是会展露笑容的。作曲家们质疑音乐中出现的一切轻松愉悦，认为这不甚高雅。然而，公众是无论如何不能离开快乐的，于是他们去听轻歌剧（operetta）[1]，也就自然欣赏这种体裁的发明者奥芬巴赫，他提供了演不完的轻歌剧作品。我这么说一点也不夸张，因为奥芬巴赫几乎没有想过要创造一门艺术。他有与生俱来的喜剧天赋，能创作出许多优美的旋律，但是他只是为自己经营的剧院提供演出材料，并无其他打算。事实上，这个剧院演出的所有剧目几乎都是奥芬巴赫一人写的。

奥芬巴赫无法摆脱德国血统的影响。他作品的韵律是错误的，却被误认为是原创性的体现，从而误导了一代人的音乐品味。同时，他自己也缺乏品味。当时存在一种不良习气，一段音乐总是在倒数第二个音符停顿一下，不论相配的歌词是否处于不发音音节。这个古怪的做法只是为了提醒观众一段即将结束，并向职业喝彩团发出开始鼓掌的信号，没有任何其他作用。对一些英雄般的人物而言，成功不过是过眼烟云，但奥芬巴赫并不属于这类人，因此，他也采用这个做法。可这常常毁掉他精巧的回旋曲和迷人的副部（couplet），而现在这个愚蠢荒谬的陋习也不再时兴了。

雅克 · 奥芬巴赫

而且，由于幼时没人抓紧对奥芬巴赫的教育，他的作曲水平并不高。如果说《霍夫曼的故事》确实显露了一点点熟练的作曲技巧，那是因为总谱是吉罗完成的，而且吉罗还顺手改正了奥芬巴赫的一些错误。抛开蹩脚的韵律和品味上的一些小缺陷不谈，奥芬巴赫的作品富于创造力、旋律优美、充满奇幻色彩，足以与格雷特里（Grétry）[2] 相比。

作为一名音乐家，格雷特里并不比奥芬巴赫高明，因为他的作品同样糟糕。两人的本质区别在于用心不同。无论是韵律还是唱词，格雷特里都争取尽可能精确地用音乐呈现出来。他在这一点上做得有些过头，因为他没能意识到：在演唱中，音符的感情会随着伴奏的和声组合而变化。此外，必须要指出，很多时候格雷特里太过痴迷于旋律的创造性，忘记了自己的原则，把对歌词的处理放到次要地位了。

格雷特里吃亏在狂放不羁的自负，奥芬巴赫倒从未为自负所害，这是他的优点。格雷特里的自负在他写给年轻音乐家的建议中可见一斑：

有天赋的人会写出像我一样的喜歌剧；有才华的人会写出像格鲁克一样的歌剧；既没有天赋也没有才华的，只能写像海顿一样的交响曲。

格雷特里曾经试图创作一部格鲁克那样的歌剧；然而，尽管他付出了巨大的努力，加入了许多有意思的创新元素，他的作品仍然不能达到这位强大对手的水平。

虽然奥芬巴赫算不上伟大的音乐家，但他与生俱来的音乐直觉是惊人的，时不时地在和声上有一些有趣的发现。说到这些发现，我有必要简单谈论一下和声理论，或许只有多少做些音乐工作的读者才能够理解。在小巧的《达夫尼斯与克洛埃》（Daphnis et Chloé）[3] 中，奥芬巴赫在没有任何前后文的情况下运用了一个属十一度和弦，这在当时是非常大胆的举动。这里有必要对和声进行简单的讲解。首先我们要知道，理论上讲，不和谐和弦前后必须有和谐和弦作为引入和结束，此处无法详细解释；简单地说，在过去，不和谐和弦的刺耳声音是需要极力回避的，而加入这两个和谐和弦的目的就是削弱这种刺耳的声音。以简单的 C

大调举例。主音是do，属音是sol。在属音上加入上行两个三度的si和re，就得到一个完美的属和弦。再加入再向上一个三度的fa，就是属七和弦。这是个不协和和弦，不过现在听来实际上很悦耳。但不久以前，一般认为乐曲中应该先进行准备，然后才能出现不和谐和弦。在16世纪，乐曲中根本不允许出现不协和和弦，因为同时听到si和fa对耳朵来说似乎是不能容忍的。人们一度称不协和和弦为“音乐中的魔鬼”（Diabolus in musica）。

帕莱斯特里纳第一次在赞美诗中运用了不协和和弦。对此人们观点各异，有些学习和声的学生掩耳盗铃地认为帕莱斯特里纳使用的这个和弦只是看起来像属七和弦而已。对此观点我不敢苟同。然而，无论这个问题到底应该如何看待，释放“音乐中的魔鬼”是现代音乐的开端，而这一创举应归功于蒙特威尔第。

不久之后，有人大胆地在属七和弦上又加上三度，出现了sol-si-re-fa-la的和弦。是谁发明了这一和弦不得而知，不过贝多芬似乎是第一个大量使用它的作曲家。虽然现在这个和弦已经经常使用，但他在作品中的用法看上去仍然很新奇。在《c小调交响曲》[4]第一部分的第二个动机中，这一和弦充分展现了其特征；同时在这部作品的行板中，应用不协和和弦也令长笛、双簧管和单簧管之间的对话富于迷人的魅力，令听众既惊讶又激动。费蒂在他的《和声论》（Traité d’harmonie）中猛烈抨击了这段愉悦的旋律。他承认这段音乐很受听众喜爱；但是在他看来，作者无权写出这样的乐段，听众也无权欣赏。学者们总有些奇怪的观点。

之后，里夏德·瓦格纳出现，属九和弦代替了属七和弦的统治地位。正是属九和弦使《汤豪瑟》和《罗恩格林》令人兴奋，这非常符合那些追求神经系统刺激的人的口味，他们对音乐的首要要求是愉悦。一些人仿效这个简单的技巧，幼稚可笑地幻想这样就可以轻易与瓦格纳相提并论了，但只不过是东施效颦。他们成功地让这个宝贵的和弦变成了陈词滥调。

再加入一个三度音就得到了属十一和弦。这个和弦奥芬巴赫曾经用过，但此后就不怎么重要了。我们只能止步于属十一和弦，因为再加入一个三度音程便得到了高两个八度的主音。

但是奥芬巴赫作品中对和声的创新非常少见。充沛的旋律创造力才是他真正有趣的地方，几乎无人能在这一点上同他相比。他经常即兴创作而且速度惊人。他的手稿仿佛是用针尖完成的，自始至终没有一处无用之笔。奥芬巴赫的和声通常很简单，这使他可以尽可能地使用缩写。结果就是，他可以在极短时间内完成小型作品。

奥芬巴赫有幸将乌加尔德夫人（Madame Ugalde）[5]召入麾下。当时她的水平已经开始下降，但依然光芒四射。《地狱中的奥尔菲斯》(Orphée aux enfers）[6]重演时她的表现异常出色；与此同时，奥芬巴赫为她创作了《话匣子》(Les Bavards）[7]。他希望有不同寻常的演绎，创作时灵感迸发，超越了自己，制作出了一部小型杰作。这部作品倘若能重演一定会取得成功，不过这要求女主角的扮演者有特殊的素质——我在除了乌尔加德以外的人身上看不到这些素质。

奇怪的是，当奥芬巴赫严肃起来时，却失去了所有的优点；不过他并非音乐史中的个例。克拉默（Cramer）[8] 和克莱门蒂（Clementi）[9] 创作的练习曲堪称这个体裁中的奇迹，但是他们的奏鸣曲和协奏曲却平庸无聊。奥芬巴赫的作品《鲁滨逊 · 克鲁索》（Robinson-Crusoé）、《绿绿》（Vert-Vert）和《范塔西奥》（Fantasio）在喜歌剧院上演，却远不如《福图尼奥之歌》（La Chanson de Fortunio）、《美丽的海伦》（La Belle Hélène）和其他轻歌剧那样出名。[10]《美丽的海伦》有过数次重演，都没有盈利，这是因为海伦的角色是为施耐德小姐（Mlle. Schneider）[11] 设计的。她面容姣好，很有天赋，有一副女中音的好嗓音。一般轻歌剧演唱者的声音过轻，不能胜任海伦的角色。此外，传统有卷土重来的趋势。喜剧元素受到压制，使作品的本性发生了变化。在德国，人们甚至用古代舞台布景，严肃地上演这部滑稽剧！

雅克 · 奥芬巴赫会成为经典。这或许出乎意料，不过有什么是不会发生的呢？一切皆有可能，即便是不可能的事。

22
君主

我很荣幸，曾蒙维多利亚女王（Queen Victoria）[1]在温莎城堡（Windsor Castle）[2]接见过两次；亚历山德拉王后（Queen Alexandra）[3]在伦敦白金汉宫（Buckingham Palace）也接见过我两次。第一次见维多利亚女王是由卡泰男爵夫人（Baroness de Caters）引见。她是拉布拉什（Lablache）[4]之女，嗓音优美、才华出众，在我认识的人中是一流的艺术家。这位富有魅力的女士不幸成了寡妇，因而成了一位艺术家，在音乐会中演出，教授声乐课。当时她在教比阿特丽斯公主（Princess Beatrice）——公主现在是西班牙国王的岳母了[5]。年轻的公主充满活力，天生一副迷人的嗓音，男爵夫人也给予了完美的指导。公主优雅地接见了卡泰夫人和我，而她不常显露出的腼腆又给她平添了几分风采。与此同时，维多利亚女王快要用完午餐了。我听说女王在场会令我们这些人感到气氛僵硬，就有些惴惴不安，因而当她伸出双手同我握手、热情真挚地同我讲话时，我深感意外。她非常喜欢卡泰男爵夫人，所以才如此亲切；这令我马上放松下来了。

女王想听我弹奏管风琴（温莎城堡的小教堂里有一架很好的管风琴）和钢琴。最后，我有幸在公主唱《艾蒂安·马塞尔》中的咏叹调时为她伴奏。公主殿下咬字清晰，有自己的特色，但这是她第一次在威严的母亲面前唱歌，所以她吓得要死。女王很高兴，几天后，在没有通知我的情况下，她将科文特花园（Covent Garden）[6] 的经理的妻子贾伊夫人（Madame Gye）——就是著名歌唱家阿尔巴尼（Albani）[7]——召到温莎城堡，请她在科文特花园上演《艾蒂安·马塞尔》。然而，女王的愿望并未实现。

17 年后，我重返温莎城堡，这次是和维多利亚女王多年来御用的小提琴家约翰内斯·伍尔夫（Johannes Wolff）[8] 一起。我们在宫殿里用餐；如果说我们并不觉得坐在皇室的餐桌前是多么崇高的荣耀的话，那么我们至少确实和年轻的公主们——康诺特公爵（Duke of Connaught）[9] 的女儿们——相处融洽。我们被安置在一家酒店里，因为只有特别重要的人才能在城堡中留宿；不过这种待遇没什么可羡慕的，因为城堡里的客房真的只是仆人们的房间，礼仪的规定就是如此。

晚餐结束后，身着全套军礼服的王子们和穿着精致晚礼服的公主们站着等女王驾临。她进来时我非常伤心，因为她几乎是由印度仆人抬进来的，很明显已经不能独立行走了。然而，她坐到小桌子旁边后，就跟过去没什么两样了：依旧富有魅力、举止随和，嗓音也还是同样悦耳。只有一头白发证明了流逝的岁月。她向我问起当时正第二次在科文特花园上演的《亨利八世》，我向她解释，为了赋予这部作品合适的时代背景色彩，我曾有一段时间在白金汉宫皇家图书馆里查资料，是我的图书管理员朋友让我进去的。我还跟她讲了我如何在大量 16 世纪的手稿收藏中发现了一个为羽管键琴编写的精巧主题，将它用作这部歌剧的框架；后来我在为爱德华国王（King Edward）[10] 加冕礼而作的进行曲中也用了这个主题。女王大体上对音乐很感兴趣，并且在这次讨论中看上去非常愉快。康诺特公爵殿下写信告诉我女王好几次提起过这件事。

白金汉宫的音乐图书馆出类拔萃，但很可惜进到里面很不容易。图书馆的丰富馆藏中有一些亨德尔清唱剧的手稿，其中大部分作品的创作速度令人吃惊。他写《弥赛亚》（Messiah）[11] 只用了 15 天 [12]！当时乐器简单，这样的创作速度是可能的；然而今天能以这种速度写下这些赋格合唱曲的人又在哪儿呢？赋格曲的样式对我们来说很费劲，但是当时流行这种风格，他们写起来得心应手。图书馆里也收藏了一些亨德尔同时代作曲家的作品，同样技巧娴熟。我们不能判断这些作品的创作速度是否和亨德尔的一样快，但是容易看出，当时的作曲家们一般都能以这样的速度创作，正如现在的作品普遍都制造出了复杂的交响效果一样——古典大师们连想都想不到还可能有这样的音响效果。亨德尔超越竞争对手的地方除了他作品中具有浪漫色彩、生动如画的一面，很可能还有他持久的高产能力。

历史已经对维多利亚女王做出了最终的评价，而她人格中散发出来的独特魅力再怎么赞美都不为过。她就像是英格兰的化身；她去世后，身后似乎留下了一片很大的空白。不过，全世界本以为只能看到一位嗜好奢华排场和寻欢作乐的聪明王子，却意外地发现爱德华是位伟大的国王。这种反差效果和爱德华国王的所有杰出品质合在一起，使他能够接替维多利亚女王的地位。

后来我有幸获准进入白金汉宫，和大提琴家约瑟夫·霍尔曼（Joseph Hollman）[13] 一起为亚历山德拉王后演奏。我们俩都非常渴望这次机会，但一开始组织者告诉我们不太可能实现，因为王后非常忙，而且她的双亲——丹麦国王和王后——相继离世，她一直在服丧。不过，我们突然接到通知，说她将会接见我们。她脸色苍白，看上去虚弱无力，但是依旧无比热情。她跟我讲起了她的母亲。我在哥本哈根见过丹麦王后及王后的两个妹妹——俄国皇太后（Empress Dowager of Russia）[14] 和汉诺威王储妃（Princess of Hanover）[15]（政乱夺去了理应属于汉诺威王储妃的皇室地位 [16]）。这次觐见给我留下了美好的印象。不知道为什么，我没有回应亚历山德拉王后谈起的这个话题。她又提过一次，但是我太胆怯，依旧不敢回答。我本应有很多话要向这个显然很愿意倾听的人说的。那位年已八旬的丹麦王后是人能想象得出的最令人愉快的老太太。她身姿挺立、身材颀长、思维敏捷、言谈流利，让我想起了我的姨祖母——正是那位杰出的女性教我认识世间事物，引领我进入了音乐的殿堂，使我取得了如此成就。

有这么一位歌手，我从未见过她，也没听过她的演唱，却听说过她品格不太好。她写信给路易丝王后（Queen Louise）[17]说我想陪她进宫。女王问我是否知道这位歌手，她信上所写内容是否属实。我大为吃惊，掩饰不住地流露在脸上，然后高声否认。这似乎把女王逗乐了。“我丝毫没有怀疑，”她说，“但是我还想再确认一下——不过我也不觉得再次确认一下有何不妥啊！”

亚历山德拉王后由好友格雷女勋爵（Lady Grey）和希腊世袭王妃（Hereditary Princess of Greece）陪同。霍尔曼和我演奏完二重奏后，她表示想听我独奏。我试图打开钢琴盖子，这时她走过来帮我把它抬了起来，连侍女们都没来得及插手帮忙。这次小演奏会后，她以自己和不在场的国王的名义，颁给我和霍尔曼每人一枚金牌，以表彰我们的艺术成就，同时用她那双高贵的皇室之手给我们端了一杯茶。

其他王后也接见过我——西班牙王后克里斯蒂娜（Queen Christina of Spain）[18]和葡萄牙王后阿梅莉（Queen Amélie of Portugal）[19]。克里斯蒂娜王后听我弹钢琴后，又表示想听我弹管风琴。他们选择了一件由卡瓦耶－科尔制造的出色乐器，在一座教堂里，教堂的名字我不记得了。这件事本应该是私人性质的，可日期定下来后，一些贵妇指责王后轻率，竟敢在神圣的地方进行宗教之外的活动。抗议让王后很不高兴；她没有秘密行事，反而和国王（那时候还很年幼）[20]、大臣、王室成员一起大张旗鼓地来到教堂。路旁每隔一定距离就安排了一名骑兵，仪仗到来时，他们吹响小号。我特地为这次活动写了一支宗教进行曲，题献给王后，她愉快地接受了。她要我演奏《参孙和达丽拉》中的以“你的声音打开了我的心扉”（Mon coeur s’ouvre à ta voix）开头的那段旋律，这对我再熟悉不过了，可我还是有点慌乱。我不得不现场将这首曲子变调以适应管风琴，这可是我从来都没想过要做的。演奏时，王后的手肘支在管风琴键盘上，手托着下巴，眼睛朝上望去，似乎完全沉浸在喜悦中了。读者可以想象得出，这种情形一点都不会让笔者觉得讨厌。

当天的报刊对这一幕发表了一些称颂的文章，但是报道并不准确。不管怎么说，跟我都没有关系了。

葡萄牙王后阿梅莉陛下曾以独特的方式接见我。她见我时身边一个贵妇陪伴都没有，这样她就可以抛除一切礼节，让我坐在一把离她比较近的椅子上。我们以这种亲密的方式相处了45 分钟。王后问了我各种各样的问题，我得以告诉她尤素福将军（General Yusuf）很多年前是如何将《参孙》里的芭蕾舞曲采用的东方主题交给我的。她听过自己的叔叔们谈论这个有趣的人；我向她讲了很多尤素福的小事。

“我得走了，”她最后说道，“但并不是因为我想走。如果一个人要全心全意做好王后这份工作，就会觉得这并不总是那么有趣。”

如果这个不开心的女人当时能预见到即将降临到她身上的灾难，那她又会说些什么呢？[21]

在罗马时，我有幸应邀参加玛格丽塔王后 (Queen Margherita) [22]

的一次社交音乐会。宽大的客厅里到处都是戴着贵重家传珠宝的贵妇。所有的音乐都严肃得可怕，无益于私人社交。这些大人物其实都感到音乐很无聊，但他们会尽力隐藏自己的情绪，从而更是深受其苦。后来两位王后想和我交谈。埃莱娜王后（Queen Elena）[23] 自己就是小提琴家，她告诉我她的孩子们在学习小提琴和大提琴，我对此非常赞许，因为近来专攻钢琴的趋势宣判了室内乐的死刑，甚至几乎导致了音乐自身的灭亡。

在我觐见过的君主中，我无法忘记亲切的比利时王后（Queen of Belgium）[24]。然而，她总是和自己威严的丈夫一起接见我。如果我把更为严肃的那个性别的君主如德国皇帝、瑞典国王、丹麦国王、西班牙国王、葡萄牙国王等也写下来，这篇文章就太长了。

我接触王子公主们比觐见君主要多，所以有时会在与后者谈话时无意识地失言。有一天我因为称呼比利时王后"殿下"而向她道歉，她笑着答道："不用道歉；这个称呼能让人回忆起美好的时光。"

她向我谈起，她曾和当时还只是王储的国王开一辆小小的双座轿车游览地中海海岸。在这段时间里，我有幸在摩纳哥亲王殿下（His Serene Highness the Prince of Monaco）[25] 的宫殿里见到他们两人。国王是名学者，王后是名艺术家，我们的谈话有趣又愉快。

23
美术界的音乐家

安格尔的小提琴非常有名。我幼时居住的公寓与画家格朗热（Granger）[1]的家只有一墙之隔。他和妻女住在一起，是安格尔的学生之一。格朗热在罗莱特圣母院（Notre Dame de Lorette）[2]的教堂里创作了《三圣王来朝》（L’Adoration des mages）[3]；当时，三圣王中的一位的模特摆姿势的时候戴着一顶金箔纸做的皇冠，我还曾经玩过。我母亲和格朗热小姐（后来成为保罗・默里斯夫人）都非常热爱绘画，因而成了要好的朋友。她们一起到卢浮宫临摹保罗・德拉罗什（Paul Delaroche）[4]红极一时的《爱德华的孩子们》（Enfants d’Edouard）。我母亲的画作完好地保存在迪耶普（Dieppe）博物馆[5]中。

5岁的时候，格朗热一家把我介绍给了安格尔。从我们住的小花园大街（Rue du Jardinet）到伏尔泰码头街（Quai Voltaire）并不远。我们一行人——格朗热一家、姨祖母马松、母亲和我——常常像行军一样到那里去拜访安格尔和他夫人。

安格尔，以小提琴著称的画家

她是一位快乐而单纯的女士，深得所有人的喜爱。

安格尔常常跟我谈莫扎特、格鲁克和其他伟大的音乐家。6岁的时候我写了一曲柔板，非常庄重地把它题献给安格尔。幸运的是，这首大作已经遗失了。当时我已经能够弹奏一些莫扎特的奏鸣曲，而且就我的年龄来说水平不错。作为对我题献的回报，安格尔送给我一个小挂坠，挂坠一面就是《唐·璜》作者的画像，另一面刻有“送给圣－桑先生，这位神圣艺术家的迷人的诠释者”。

安格尔粗心大意地忘记了写明赠送的时间——倘若有的话，整件事会显得更加有趣，毕竟管一个只到成人膝盖那么高的6岁娃娃叫“圣－桑先生”实在是少见。

等我长大一些后，除了平时去安格尔家里拜访，我也常常在他最狂热的崇拜者之一弗雷德里克·莱塞（Frédéric Reiset）[6]家遇到他。他们会在家中演奏许多音乐。我们常常能在那儿听到德萨尔特的演唱，尽管这位歌唱家水平一般，安格尔却对他非常崇拜。实际上，德萨尔特和亨利·勒贝是安格尔的音乐教师。尽管安格尔极力做出一副大鉴赏家的姿态，其实他只是在重复这两人的观点。比如，他对所有现代音乐都深恶痛绝，连听都不会听；在这方面他是勒贝的翻版。勒贝曾经用他那幽远的鼻音静静地说："你无论如何得模仿一些人，所以最好的做法就是模仿古人，因为他们才是最好的。"然而当勒贝觉得自己在效仿海顿和莫扎特的时候，他实际上创作出了一些非常个性化的音乐；这恰恰证明了相反的结论。他的一些作品线条清晰、注重细节、纯净而温和。它们令人想起安格尔的画，用很简单的方法表达了很多东西。安格尔也是如此：尽管他试图模仿拉斐尔（Raphael），到头来却只能做自己。倘若勒贝拥有天才所特有的才华和多产能力，他是足以和安格尔媲美的。

那安格尔的小提琴呢？其实，我第一次看到这把小提琴是在蒙托邦（Montaubon）[7] 博物馆中。安格尔甚至从未亲口对我提起过它。据说他年轻的时候拉小提琴，可我却无论如何都无法说服他和我合奏哪怕一首最短小的奏鸣曲。每当我提出要求时，他就会回答道："我以前在一个四重奏团中拉第二小提琴，仅此而已。"

据说，当安格尔听到别人称赞他的小提琴演奏，比听到别人称赞他的画更高兴。每每听到这样的说法，我都觉得很不真实。这只是一个传说，但是要打破一个传说是不可能的。正如拉封丹所说：

面对现实，人冷如冰；	L'homme est de glace aux vérités;
面对虚构，人热如火。	Il est de feu pour le mensonge.

我不知道安格尔年轻时是否表现出过小提琴演奏上的天赋。但我可以肯定的是，成年的安格尔没有表现出一丝一毫。

古斯塔夫·多雷（Gustave Doré）[8] 据说也以小提琴著名，而且他在这方面吸引的关注绝非微不足道。他购入了一把贵重的小提琴，用它演奏过柏辽兹的许多协奏曲，技巧出众、精神蓬勃。他的音乐能力足以掌握这些浅显的作品。令人称奇的是，多雷从不特意练习小提琴演奏。如果他不能一下子掌握一首作品，就索性彻底放弃。

多雷是罗西尼沙龙的常客。在客人中他属于支持旋律的一派，反对“科学的学术音乐”。我们两人的性格看起来完全不合，但正如爱情一样，友谊总是神秘而无法解释；我们渐渐成了最要好的朋友。我们住在同一个区，因而经常串门。由于我们几乎对所有事情的看法都不一样，所以争论从没有停止过；但争论中从不夹杂任何怨气，我们自己也乐在其中。

我最终成了多雷可以信任的倾诉对象。他向我诉说了自己秘密的痛苦和内心最深处的悲伤。多雷天生就拥有很强的视觉记忆力。他从来不使用模特，认为对一位具有专业水准的艺术家而言模特毫无用处——不过这是一个错误。因此，他把自己永远限制在只是近似相像的水平上，这对只需要生命力和个性的插画是足够了，但是对真人尺寸或一半大小的人像大幅油画作品来说却是致命的不足。这是多雷遭遇失败的原因，他对此深感失望，将其归咎于恶意攻击——这的确是真实存在的。起初，媒体对设计师毫不吝啬溢美之词，夸张地吹嘘他取得的成绩，激起了不满情绪；而当不怀好意的反对者找到机会展开反击时，却拿画家当靶子。多雷挥霍自己的天赋，因而暴露在批评家的火力之下。我曾经见过多雷在他巨大的画室中同时在 30 张画布上作画；其实用 3 幅认真完成的画更有价值。

这位快乐的大男孩内心深处实际上是悲伤而敏感的。从小相依为命的母亲突然离世，使多雷的心脏病加重，最终他英年早逝。

我将一首短小的小提琴曲题献给多雷。这首不像题献给安格尔的那一首，并没有遗失。不过，如果不是皇室御用小提琴家约翰内斯・伍尔夫好心帮助我，将它列入自己的演出曲目，那么这首也早就失传了。他精湛的技艺令这首曲子得以留存。

埃贝尔（Hébert）[9] 可以说是真正的画家兼小提琴家了。他热爱演奏莫扎特和贝多芬的奏鸣曲，直到生命的最后一刻，而且据说他的演奏水平相当高超。我只能根据传闻这么说，因为我从未亲自听过他的演奏。儿时我只在他家里见过他几次，他手里总是拿着画笔。自那以后，我只在法兰西学会见过他。我们坐得比较近，他总会热情地和我打招呼。他有时会谈论音乐，语言像一位音乐鉴赏家那样。

在我认识的所有画家中，亨利・勒尼奥（Henri Regnault）[10] 是最具音乐才能的。他根本不需要小提琴——他就是自己的乐器。上天给了他精致的男高音嗓子。他的声音音色极富吸引力，让人无法抗拒，就如他本人一样。他不只是“接近音乐家”而已。他十分热爱音乐，不满足于只做一名业余歌手，就跟巴黎音乐院的罗曼・布辛（Romain Bussine）[11] 上课。勒尼奥能完美演绎莫扎特《唐・璜》中技术难度极大的咏叹调，还喜欢唱《汤豪瑟》第三幕中辉煌的朝圣者宣叙调。

我们关系友好而且有共同的爱好，一种自然的共鸣之感让我们走到一起。1870 年战争爆发时我创作了《波斯旋律》(Les Mélodies persanes) [12]，勒尼奥是第一位演唱者。《军刀在手》(Sabre en main) 是题献给他的，不过他唱得最好的是《墓园》(Le Cimetière)。他唱道：

今日玫瑰，　　Aujourd'hui les roses，
明日松柏！　　Demain les cyprès!

谁能想到，转瞬间一语成谶？

有些蠢人曾经写道：勒尼奥已经说完了该说的话，失去他并无遗憾。实际上，他在大脑中酝酿的宏伟诗篇呈现给世人的只是序言。他已经订购了画布，而画布上本应出现的巨作无疑足以跻身法国艺术瑰宝之列。

我最后一次见到勒尼奥是在巴黎围城期间。他拿着步枪，刚开始参加训练。画架上摆着一幅未完成的水彩，这是他最后 4 幅作品之一。画的底部有一个不成形的斑点。勒尼奥不拿枪的手中拿着一块手帕，不时沾上些唾液，反复擦抹那块斑点。令我惊讶，几乎可以说令我恐惧的是，我看到一个雄狮的头颅渐渐清晰。

几天之后，比藏瓦尔（Buzenval）战斗 [13] 爆发！

当人们考虑出版亨利·勒尼奥的书信时，发现他在信中提到了我的名字，还将我排在同行音乐家之上。负责这封信的编

辑找到我，给我读了提到我的这几句话，并告诉我这部分出版时必须删除，因为可能会引起其他音乐家的不快。

我知道那些其他音乐家是谁，也知道编辑是听谁指挥的；但是在我看来，完全可以做到发表这些夸大其词的赞美而不伤害任何人的感情。毕竟，来自一位画家的评价并没有什么分量，无非只是证明我们之间友谊深厚——这也是他写那些话的原因。人们不知道这位我如此喜爱的伟大艺术家对我的感情，对此我一直感到遗憾。

01 童年记忆

[1] 法兰西文学院全名法兰西铭文与美文学术院（Académie des inscriptions et belles-lettres），是法国的学术权威机构法兰西学会（Institut de France）下属的五个学术院之一。

[2] 旧制度指法国历史 15—18 世纪这段时期，从文艺复兴末期开始，直到法国大革命为止。

[3] 恐怖统治又称雅各宾专政，指法国大革命时 1793—1794 年间由罗伯斯庇尔领导的雅各宾派统治法国的时期。

[4] 香槟是法国旧时的行省之一，现属香槟－阿登大区，位于法国东北部，同比利时接壤。根据法国法律，只有香槟地区出产的气泡酒才能称为香槟酒，其他地区出产的同类酒只能称为“发泡葡萄酒”。

[5] 奥尔良公爵路易·腓力二世（Louis Philippe II）是法国贵族，波旁王室成员。他是雅各宾俱乐部成员，支持革命，改名为腓力·平等，但还是在恐怖统治期间上了断头台。

[6]《浮士德的劫罚》是柏辽兹为女高音、男高音及男低音独唱者、合唱及管弦乐队而作的戏剧性康塔塔，柏辽兹也称之为音乐会歌剧。1846 年 12 月 6 日于巴黎喜歌剧院首演。

[7] 此教材全名《儿童钢琴学习法》(Méthode de piano pour les enfants),是法国音乐教育家、作曲家阿道夫·勒·卡尔庞捷(Adolphe Le Carpentier)所著,使用广泛。

[8] 波利娜·维阿尔多-加西亚(Pauline Viardot-Garcia)是法国女中音歌唱家,父母均为西班牙人。父亲曼努埃尔·加西亚(Manuel Garcia)是歌唱家,姐姐玛丽亚·马利布朗(Maria Malibran)也是女中音歌唱家。

[9] 动机(法文 motif,德文 motiv)指最短的、清晰而又能独立的旋律或节奏音型。乐曲的每一个主题或主句可能有几个动机,而且几乎每一个乐句都是某个动机的发展。

[10]《大加洛普舞曲》全名 Grand galop chromatique,是李斯特于 1838 年创作的炫技性钢琴曲。另有四手联弹版本。

[11] 卡米尔-马里·斯塔马蒂(Camille-Marie Stamaty)是法国钢琴家,当时最著名的钢琴教师之一。

[12] 弗里德里希·威廉·卡尔克布伦纳(Friedrich Wilhelm Kalkbrenner)是德国钢琴家、作曲家。早年在巴黎音乐学院学习,后来成为欧洲一流的钢琴家。

[13]《优律键盘曲集》旧译《平均律钢琴曲集》,是一组由巴赫为键盘独奏乐器而创作的音乐,由分别作于 1722 年和 1724 年的两套曲目组成,被广泛看作西方古典音乐历史上最具影响力的作品之一。

[14] 连奏指在音乐表演时使人察觉不到音与音之间有停顿,造成平滑的效果。在钢琴演奏中,连奏需要把按键的手指保持在一个键上,直至另一个手指按下另一琴键为止。

[15] espressivo 为意大利语"有表情地"。在音乐上,"表情"指作曲家无法充分在乐谱上提示出来的细微力度对比,有待演奏者以艺术感觉和理解力来完成。

[16] 普莱耶尔音乐厅是巴黎的一个主要音乐厅,最初于 1839 年 12 月开幕。

[17] 泰奥菲尔·蒂尔芒(Théophile Tilmant)是法国小提琴家、指挥家。

[18] 这个音乐协会的名称来自音乐家和基督教圣乐的主保圣人圣济利亚（拉丁文 Sancta Caecilia，英文 Saint Cecilia，法文 Sainte Cécile）。

[19] 弗朗索瓦·塞热（François Seghers）是比利时小提琴家、巴黎音乐院教授。

[20] 这里的科涅莉亚可能指恺撒的第一任妻子科涅莉亚·秦纳（Cornelia Cinna minor/Cornelia Cinnilla）。

[21] 皮埃尔·麦雷登（Pierre Maleden）是法国作曲家、音乐理论家、音乐教师。

[22] 利摩日是法国中南部城市，以陶瓷制造闻名。

[23] 韦伯（1779—1839）是德国律师、作曲家、音乐理论家。

[24] 尼德迈尔学校是生于瑞士的作曲家、音乐教育家亚伯拉罕·路易斯·尼德迈尔（Abraham Louis Niedermeyer）于 1853 年在巴黎开办的音乐学校。

[25] 路易十四时期设立的皇家音乐院和皇家声乐院在雅各宾统治时期重组为国立音乐学院。1795 年 8 月 3 日，国民公会决议设立音乐院（Conservatoire de musique），国立音乐学院的运作移交音乐院。几经沿革后，该校现名巴黎国立高等音乐舞蹈学院（Conservatoire national supérieur de musique et de danse de Paris），被视为世上最好的艺术教育学院之一。

[26] 达尼埃尔·奥柏（Daniel Auber）是法国作曲家，1842 年任巴黎音乐院院长。

[27] 夏尔－弗朗索瓦·古诺（Charles-François Gounod）是法国作曲家、指挥家、管风琴家，以宗教题材作品和歌剧《浮士德》《罗密欧与朱丽叶》等作品知名。

02 老音乐院

[1] 弗朗索瓦·伯努瓦（François Benoist），法国管风琴教师，1819—1872 年一直任教于巴黎音乐院。

[2] 埃特莉·马德莱娜·布罗昂（éthélie Madeleine Brohan）是法国女演员。

[3]《厌世者》全名为 Le Misanthrope ou l'Atrabilaire amoureux，是莫里哀（Molière）的一部喜剧。

[4] 卡特琳－朱莉－克莱芒蒂娜·茹阿桑（Catherine-Julie-Clémentine Jouassain）是法国女演员。

[5] 法兰西喜剧院为 1680 年 8 月 8 日路易十四下令创建，由当时巴黎仅有的两个专业剧团合并而成。现在，法兰西喜剧院是法国唯一拥有自己的演员阵容的国家剧团。

[6] 巴黎歌剧院正式名称是巴黎国家歌剧院（Opéra national de Paris），是法国最重要的歌剧演出团体，由路易十四在 1669 年始创。

[7] 柏辽兹的《配器法》全名为 Grand traité d'instrumentation et d'orchestration modernes，于 1844 年初版，后经他本人和里夏德·施特劳斯修订，被视为第一部重要的配器法专著。

[8] 安东尼奥·马里亚·加斯帕罗·萨基尼（Antonio Maria Gasparo Sacchini，1730—1786）是意大利作曲家，《俄狄浦斯去科隆》是他最成功的歌剧作品。

[9] 维琴佐·贝利尼（Vincenzo Bellini）是意大利作曲家，作有多部歌剧。

[10] 米夏埃尔·安德鲁·阿纽斯·科斯塔（Michael Andrew Agnus Costa）是生于意大利的指挥家、作曲家，主要在英国工作。

[11]《唐·璜》又称《唐·乔瓦尼》（Don Giovanni），是莫扎特作曲的两幕喜歌剧，1787 年在布拉格由莫扎特亲自指挥首演。

[12]《特洛伊人》是柏辽兹作曲、作脚本的五幕歌剧，写于 1856—1858 年。该剧规模宏大，可视为柏辽兹创作生涯的一个总结，但是他有生之年从未见过这出歌剧完整上演过。这部作品经过删减的最后三幕曾以《在迦太基的特洛伊人》（Les Troyens à Carthage）为名，在 1863 年于巴黎首演。

[13] 雅克－弗朗索瓦－弗洛蒙塔尔－埃利·阿莱维（Jacques-François-Fromental-élie Halévy）是犹太裔法国作曲家。比才（Bizet）是他的女婿。

[14] 安德烈·夏尔·普罗斯佩·梅萨热（André Charles Prosper Messager）是法国作曲家。

[15] 阿尔贝·佩里尤（Albert Périlhou）是法国作曲家、管风琴家、钢琴家。

[16] 欧仁·吉古（Eugène Gigout）是法国管风琴家、作曲家、教师，以管风琴曲作品著名。

[17] 玛丽·卡贝尔是比利时花腔女高音歌唱家。

[18] 安东·格里戈里耶维奇·鲁宾斯坦（Anton Grigorevich Rubinstein）是俄国钢琴家、作曲家、指挥家，圣彼得堡音乐学院创办者。华语地区一般简称其为安东·鲁宾斯坦，而不是“鲁宾斯坦”，以与著名美籍波兰裔犹太钢琴家阿图尔·鲁宾斯坦（Artur Rubinstein）区别。

[19] 科洛纳乐团是1873年由小提琴家、指挥家爱德华·科洛纳（édouard Colonne）创立的交响乐团。

[20] 这些人分别是：雅克－约瑟夫－安德烈－布伊（Jacques-Joseph-André Bouhy），比利时男中音；让·拉萨尔（Jean Lassalle），法国男中音；约瑟夫·维克托·阿梅代·卡普尔（Joseph Victor Amédée Capoul），法国男高音；皮埃尔·桑松·加亚尔（Pierre Samson Gailhard，1848—1918），法国歌剧演员、导演。

[21] 艾蒂安·亨利·尼古拉·梅于尔（étienne Henri Nicolas Méhul）是法国作曲家，被认为是大革命时期最重要的歌剧作曲家之一。《约瑟夫》是他的代表作。

[22] 喜歌剧院是巴黎的重要歌剧演出团体之一，始创于1714年。

[23]《奥尔菲斯和尤丽迪茜》（Orfeo ed Euridice，常简称为Orfeo，英文Orpheus and Eurydice，法文修订版称Orphée）是格鲁克的三幕歌剧，1762年首演于维也纳。

[24] 抒情歌剧院是巴黎重要歌剧演出团体之一，始创于1847年，初称国家歌剧院（Opéra-National），1852年改名为抒情歌剧院，1872年由于经营不善而倒闭。

[25]《愤怒》是梅于尔作曲的独幕歌剧，1801年于巴黎首演。

[26] 罗西尼版本的歌剧《奥赛罗》有三幕，1816年于那不勒斯首演。

[27] 圣－桑作曲的三幕歌剧《参孙与达丽拉》（Samson et Dalila）取材于《圣

经》故事，1877 年首演于魏玛。

［28］夏尔·路易·安布鲁瓦兹·托马（Charles Louis Ambroise Thomas）是法国作曲家，代表作有歌剧《迷娘》（Mignon），1871 年开始担任巴黎音乐院院长直至逝世。

03 维克多·雨果

［1］弗朗索瓦·蓬萨尔（François Ponsard）是法国剧作家、诗人、作家，1855 年当选法兰西学术院（Académie française）院士。他创作的悲剧《柳克丽丝》风格纯粹古典，一反当时的浪漫主义潮流。雨果、巴尔扎克等人对此剧评价颇低。1845 年，法兰西学术院授予此剧最佳悲剧奖。

［2］密涅瓦是古罗马宗教所信奉的女神，司掌各行业技艺及战争，被视同希腊女神雅典娜。

［3］这些都是雨果的诗，圣－桑为其配乐，写成艺术歌曲。

［4］玛丽·卡罗琳·米奥兰－卡尔瓦略（Marie Caroline Miolan-Carvalho）是法国著名女高音歌唱家。

［5］让·拉辛（Jean Racine）是法国剧作家。

［6］保罗·默里斯（Paul Meurice）是法国小说家、剧作家，雨果的挚友。

［7］奥古斯特·瓦克里（Auguste Vacquerie）是法国记者、作家，雨果的坚定追随者。其兄夏尔（Charles）娶雨果之女为妻。

［8］这里指拿破仑三世（Napoleon III）建立的法兰西第二帝国。雨果因对拿破仑三世称帝持强烈批评态度，于第二帝国期间一直未在法国居住。1870 年法国在普法战争中战败，拿破仑三世退位，雨果才回到巴黎。

［9］尤维纳利斯（拉丁文 Decimus Iunius Iuvenalis）是生活在公元 1—2 世纪的罗马诗人，主要因 16 首《讽刺诗》（Satires）而成名，讽刺人类的愚蠢和残暴，特别是罗马皇帝统治下腐败的罗马社会。

［10］巴西皇帝是指佩德罗二世（Pedro II）。他是巴西帝国末代皇帝，1831 年

4月7日至1889年11月15日在位，退位后住在巴黎。他的名字开头是Pedro de Alcantara，这里是西班牙文写法。

[11] 皮埃尔·高乃依（Pierre Corneille）是法国剧作家，与莫里哀、拉辛并称为法国古典戏剧三杰。

[12] 路易丝－安热莉克·贝尔坦（Louise-Angélique Bertin）是法国作曲家、诗人。《埃斯梅拉达》是她作曲的四幕歌剧，剧本为雨果由自己的小说《巴黎圣母院》改编而来，于1836年11月14日在巴黎首演。

[13]《埃斯梅拉达》自上演起即饱受批评，一次演出时甚至发生了骚乱，主要原因是路易丝·贝尔坦的哥哥同巴黎歌剧院的关系，以及贝尔坦家控制着一份很有政治影响力的报纸。雨果、柏辽兹（协助了此剧的制作，被指为剧中一些音乐的实际创作者）也卷入了纠纷。受此影响，贝尔坦在随后40年的生命中再也没写过一部歌剧。

[14]《历代传奇》是雨果的一部重要诗集。

[15] 特罗卡德罗是巴黎第16区的一块地区，与埃菲尔铁塔隔塞纳河相望，是夏乐宫（Palais de Chaillot）所在地。

[16]《雨果赞歌》是圣－桑为管弦乐队和合唱团写的一部音乐作品。

[17]《惩罚集》是雨果的一部诗集，强烈抨击了法兰西第二帝国。《斯泰拉》是此书附录的一首诗。

[18] 朱丽叶·德鲁埃（Juliette Drouet）是法国女演员，雨果的情人。1833年结识雨果后放弃表演生涯，充当他的秘书及旅行伴侣。

[19] 此句原文为拉丁文 Tristia Herculis。赫拉克勒斯是希腊和罗马传说中最著名的英雄，以力大无穷著名。

[20] 路易－夏尔－博纳旺蒂尔－阿尔弗雷德·布鲁诺（Louis-Charles-Bonaventure-Alfred Bruneau）是法国作曲家。

[21] 爱德华·洛克鲁瓦（Édouard Lockroy）是法国政治家，1877年娶雨果之子夏尔·雨果的遗孀为妻。

[22] 乔夫即朱庇特（Jupiter），是古罗马和意大利的主神，相当于希腊的宙斯，是天空的主宰。

[23] 在西方音乐中，一般认为大调明亮欢快，小调庄严肃穆。

[24] 雷赛布子爵斐迪南·马里（Ferdinand Marie，cicomte de Lesseps）是法国外交官、实业家。苏伊士运河即由他主持开凿。

04 一部喜歌剧的历史

[1] 费利西安－塞扎尔·大卫（Félicien-César David）是法国作曲家。

[2] 马塞是法国作曲家。

[3] 卡尔·马利亚·弗里德里希·恩斯特·冯·韦伯（Carl Maria Friedrich Ernst von Weber）是德国作曲家。他的堂姐是莫扎特的妻子。

[4]《费加罗的婚礼》是莫扎特作曲的四幕喜歌剧，完成于1786年。

[5]《奥伯龙》是韦伯作曲的三幕歌剧，1826年于伦敦首演。

[6]《魔弹射手》是韦伯作曲的三幕歌剧，1821年于柏林首演。

[7] 克莱芒·菲利贝·莱奥·德利布（Clément Philibert Léo Delibes）是法国歌剧、芭蕾舞剧作曲家和管风琴家。

[8] 皮埃尔·朱尔·泰奥菲勒·戈蒂埃（Pierre Jules Théophile Gautier）是法国19世纪重要的诗人、小说家、戏剧家和文艺批评家。

[9]《葛蓓莉娅》是德利布作曲的三幕芭蕾舞剧，1870年于巴黎首演。

[10]《采珠人》是比才作曲的三幕歌剧，1863年在巴黎首演。

[11]《卡门》是比才作曲的四幕歌剧，1875年于巴黎首演。此剧一开始上演时并不成功，在比才逝世后才逐渐享誉全球。

[12] 莱昂·卡尔瓦略（Léon Carvalho）是法国剧院经理、歌剧导演。他的妻子是第三章提到过的著名女高音歌唱家玛丽·米奥兰－卡尔瓦略。

[13] 威尔第作曲的《麦克白》是四幕歌剧，1847年于佛罗伦萨首演。

[14] 罗马大奖是一种著名的法国国家艺术奖学金，于1663年由路易十四创立，

旨在提高法国的艺术水平。此奖起初有绘画、雕塑、建筑和雕刻四类，1803 年起新增了音乐类。获奖者可以公费留学罗马。1968 年此奖进行了最后一次评选。

[15] 保罗·朱尔·巴尔比耶（Paul Jules Barbier）和米歇尔·卡雷（Michel Carré）是法国歌剧脚本作家，两人经常合作。

[16] 路维希安是巴黎西郊的一个小镇。

[17] 埃莱娜是《银铃》的角色之一，由女高音演唱。

[18] 米兰达宫伯爵夫人克里斯蒂娜·尼尔森（Christina Nilsson，comtess de Casa Miranda）是瑞典女高音，被认为是当时最好的歌唱家之一。

[19] 威廉明妮·施罗德－德弗里恩特（Wilhelmine Schröder-Devrient）是德国女高音歌唱家。

[20] 埃米尔－塞萨尔－维克多·佩林（émile-César-Victor Perrin）是法国剧院经理、导演、画家，于 1862—1870 年任巴黎歌剧院总经理。

[21] 让－巴普蒂斯特·富尔（Jean-Baptiste Faure）是法国男中音歌唱家，也写有一些艺术歌曲。

[22] 斯匹里底翁是《银铃》的角色之一。

[23] 帕尔米尔·韦尔泰姆贝尔（Palmyre Wertheimber）是法国女高音歌唱家。

[24] 卡米尔·杜洛克（Camille du Locle）是法国剧院经理、歌剧脚本作家。

[25] 杜洛克的妻子是佩林的侄女或甥女（niece）。

[26] 俄瑞斯忒斯与皮拉德斯都是希腊神话人物，两人之间的关系非常亲密，犹如同性爱侣一般。

[27] 加莱是法国作家，同许多同时代的著名作曲家合作写过歌剧。

[28]《黄衣公主》是圣－桑作曲的五幕喜歌剧，1872 年于巴黎首演。

[29] 1870 年 7 月 19 日，法皇拿破仑三世对普鲁士宣战，普法战争爆发。

[30] 埃内斯特·吉罗（Ernest Guiraud）是法国作曲家、音乐教师。

[31] 奥利维尔·阿兰齐尔（Olivier Halanzier）、奥古斯特·沃科贝伊尔（Auguste Vaucorbeil）、欧仁·里特（Eugène Ritt）、佩德罗·加亚尔（Pedro Gailhard）于

1871—1884 年相继任巴黎歌剧院经理。

[32] 布洛克是法国犹太裔女中音歌唱家。

[33] 阿尔贝·维曾蒂尼（Albert Vizentini）是法国小提琴家、作曲家、指挥家、评论家，曾于 1876—1878 年短暂重振抒情歌剧院。

[34]《保罗与维尔日妮》是法国作曲家维克多·马塞（Victor Massé）作曲的歌剧，1876 年首演。

[35] ballet master 为在芭蕾舞团中负责教授日常训练课、挑选团员、剧目排练等事务的人。

[36]《霍夫曼的故事》是奥芬巴赫（Jacques Offenbach）作曲的三幕歌剧，1881 年在巴黎首演。

[37] 工艺和艺术广场是位于巴黎第三区的一处广场，后为纪念法国政治家埃米尔·肖当（émile Chautemps）改名为埃米尔·肖当广场。

[38] 萨拉是法国女高音歌唱家。

[39] 莱昂·梅尔基塞代克（Léon Melchissédec）是法国男中音歌唱家。

[40] 皇家铸币局剧院（法文 Théatre Royal de la Monnaie，简称 la Monnaie；荷兰文 Koninklijke Muntschouwburg，简称 de Munt）是比利时布鲁塞尔的一座剧院，现为比利时的国家歌剧院，是一个联邦机构。

05 路易·加莱

[1]《代雅尼尔》是圣－桑作曲、加莱作脚本的四幕歌剧，以希腊神话为题材。它是圣－桑的最后一部歌剧作品，1911 年于蒙特卡洛首演。

[2] 圣－桑根据加莱的这个脚本写成了清唱剧《大洪水》，1876 年于巴黎首演。

[3]《抹大拉的马利亚》是三幕清唱剧，1873 年于巴黎首演。

[4]《拉合尔的国王》是五幕歌剧，1877 年于巴黎首演。

[5]《艾蒂安·马塞尔》是四幕歌剧，1879 年在里昂首演。

[6]《亨利八世》是圣－桑作曲的四幕歌剧，1883 年于巴黎首演。

[7] 本韦努托·切利尼（Benvenuto Cellini）是意大利文艺复兴时期的金匠、画家、雕塑家、战士和音乐家。保罗·默里斯1852年写了表现其生平的戏剧。

[8] 艾蒂安·马兰·梅兰格（étienne Marin Mélingue）是法国演员、雕塑家。他曾在《本韦努托·切利尼》剧中出演主角，表演时当场铸造了希腊神话中司掌青春的女神赫柏的塑像。

[9]《普罗瑟碧娜》是圣－桑作曲、加莱作脚本的四幕歌剧，1887年在巴黎首演。这部作品基于瓦克里的戏剧。

[10] 亚历山大诗体是以十二个音节为一行的诗体。

[11] 萨巴蒂诺是《普罗瑟碧娜》剧中的角色，在歌剧版中由男高音演唱。

[12] 音步是西方诗歌中的基本节奏单位。一个音步一般含有两个或更多的音节，其中有一个音节承担主要重音。

[13] 朱丽叶·亚当（Juliette Adam）是法国作家、女权活动家。她于1879年创办文艺杂志《新评论》，亲任主编。

[14]《黛依丝》是马斯内作曲、加莱作脚本的三幕歌剧，1894年于巴黎歌剧院首演。

[15] 在诗学中，半谐音是指只有元音押韵，辅音不押韵，如late-make；或只有辅音押韵，元音不押韵，如killed-cold。

[16] 恩斯特是法国音乐评论家、翻译家。

[17] 拉里布瓦西埃医院（Hôpital Lariboisière）是巴黎第十区的一所医院。加莱曾长期担任这所医院的主管。

[18] 贝济耶竞技场是位于法国南部城镇贝济耶的一座圆形斗牛场，是法国最大的斗牛场，1897年建成。

06 歌剧中的历史和神话

[1] 这四部作品都是瓦格纳所作的歌剧，均取材于德国神话传说。

[2]《纽伦堡的名歌手》（德文 Die Meistersinger von Nürnberg）是瓦格纳所作

的三幕歌剧，1868 年于慕尼黑首演。剧中的主角之一——“名歌手”鞋匠汉斯·萨克斯——取材自历史上真实的“名歌手”汉斯·萨克斯。

[3]《魔笛》(德文 Die Zauberflöte)是莫扎特作曲的二幕歌剧，1791 年在维也纳首演。

[4] 刻瑞斯是罗马神话中的一位女神，与农业有关，拉丁语中的“谷物”一词来源于她。特里普托勒摩斯(也称 Buzyges)是希腊神话中的一位神，知晓农耕技术的秘密。

[5] 在希腊神话中，阿耳戈船英雄是一群在特洛伊战争之前出现的英雄。他们乘阿耳戈号到科尔基斯(今格鲁吉亚)去寻找金羊毛。

[6] 奥维德(全名 Publius Ovidius Naso)，古罗马著名诗人。《变形记》(Metamorphoses)是他的代表作之一。

[7] 曼特农夫人是路易十四的第二任妻子。蓬帕杜尔夫人(Madame de Pompadour)是路易十五的著名情妇。约瑟芬·德博阿尔内(Joséphine de Beauharnais)是拿破仑的第一任妻子。

[8]《玛丽昂·德·洛尔姆》是雨果于 1828 年写的五幕戏剧，基于同名交际花的生平事迹。

[9] 格拉蒙公爵安托万·阿尔弗雷德·阿热诺尔(Antoine Alfred Agénor, duc de Gramont)是法国政治家、外交官。1870 年，时任法国外交部部长的格拉蒙公爵起草了一份言辞激烈的电报(即有名的“埃姆斯密电”)，交给普鲁士皇帝威廉一世，被普鲁士首相俾斯麦利用，引发了普法战争。

[10] 铁面人是在路易十四当政期间的一名神秘囚犯，他一直戴着一个由绒布制成的黑色面具，没有任何人见过他的面容，因此他的真实身份曾受到许多著名学者的关注和研究。伏尔泰在著作中宣称铁面人是路易十四的长兄、先王的私生子。大仲马在其名作《三个火枪手》的最后一章里，阐述了铁面人的身份是路易十四的孪生兄弟。

[11] 法国科学院是法兰西学会下属的五个学院之一，历史可追溯到路易十四

时代。

[12]《恶魔罗勃》是德国作曲家贾科莫·迈耶贝尔（Giacomo Meyerbeer，本书有专章对其评述）作曲的五幕歌剧，于1831年在巴黎歌剧院首演。

[13]《胡格诺教徒》是迈耶贝尔作曲的五幕歌剧，1836年于巴黎首演。

[14]拜罗伊特是德国巴伐利亚的一座城市。瓦格纳在这里创办了拜罗伊特音乐节。首届音乐节举办于1876年，一直延续至今。

[15]腓特烈一世（德文 Friedrich I Barbarossa）是神圣罗马帝国皇帝（1155年加冕），绰号“红胡子”（即 Barbarossa 在意大利语中的意义）。在位期间好大喜功，多次发动对外侵略，在第三次十字军东征中落水死于小亚细亚。

[16]这三部歌剧均为五幕,《波尔蒂契的哑女》由奥柏作曲,《犹太女》和《塞浦路斯女王》由阿莱维作曲。

[17]《鲍里斯·戈杜诺夫》是俄国作曲家穆索尔斯基（Mussorgsky）作曲的四幕歌剧，描绘俄国沙皇戈杜诺夫的生平，被认为是他的巅峰之作。该剧脚本由穆索尔斯基自己撰写，初版脚本是以普希金的同名历史剧为基础写的。

[18]费奥多尔·伊万诺维奇·恰里亚平（Feodor Ivanovich Chaliapin）是俄国男低音歌唱家。

[19]阿拉贡的凯瑟琳（Catherine of Aragon）是亨利八世的第一任王后，出身西班牙王室。

[20]沃旦为北欧和日耳曼神话中的众神之主。在瓦格纳的神话歌剧巨制《尼伯龙根的指环》(Der Ring des Nibelungen）中，沃旦是主要角色之一。

[21]格鲁克歌剧《奥尔菲斯与尤丽迪茜》取材于希腊神话。奥尔菲斯（又译俄耳甫斯）是阿波罗与缪斯女神中的卡利俄珀所生，音乐天资超凡入化。小女仙尤丽迪茜（又译欧利蒂丝）为之倾倒。在他们的婚宴上，尤丽迪茜被毒蛇噬足而亡。痴情的奥尔菲斯冲入地狱，用琴声打动了冥王，使尤丽迪茜再获生机。但冥王告诫他，离开地狱前万万不可回首张望。冥途将尽，奥尔菲斯遏制不住胸中爱念，转身确定妻子是否跟随在后，却使尤丽迪茜堕回冥界的无底深渊。

[22] 瓦格纳原计划基于歌德的戏剧《浮士德》写一部交响曲，并于1839—1840年完成了第一乐章，后来他放弃了这一计划，将已完成的部分改写为一首单乐章的音乐会序曲，于1855年最后修订完成。

07 为艺术而艺术

[1] 曼恩伯爵阿德里安·阿尔贝·马里（Adrien Albert Marie，comte de Mun）是法国政治人物、社会活动家。

[2] 雷诺－弗朗索瓦－阿蒙·（苏利）·普吕多姆（René-François-Armand (Sully) Prudhomme）是法国诗人，首届诺贝尔文学奖获得者。

[3]《七弦琴与竖琴》是雨果于1822年写的一篇颂歌，圣－桑后来为其配乐，写成一部同名清唱剧，于1879年完成。

[4] 米洛的维纳斯即著名的断臂维纳斯雕像。

08 通俗科学与艺术

[1] 勒内·弗朗索瓦·尼古拉·马里·巴赞（René François Nicolas Marie Bazin）是法国小说家。

[2] 菲利克斯·阿基米德·波谢（Félix Archimède Pouchet）是法国博物学家，自然发生说的主要倡导者之一。

[3] 这句话是《圣经·马太福音》22:14原文。

[4] 路易斯·米歇尔（Louise Michel）是法国无政府主义者、教师、医务工作者。她是巴黎公社的重要人物之一。

[5]《d小调交响曲》即贝多芬第九交响曲“合唱”。

09 音乐的无政府状态

[1] 牧歌是室内乐的一种声乐形式，大多为无伴奏的复调音乐，流行于16—17世纪，起源于意大利，并在那里发展。通常牧歌是由三到六个声部来演唱，

歌词内容几乎全与爱情有关。

[2] 乔瓦尼·皮耶路易吉·达·帕莱斯特里纳（Giovanni Pierluigi da Palestrina）是意大利文艺复兴后期的作曲家，在教会音乐中有很深的造诣。

[3]《月光下》是18世纪的法国民歌，作者已不可考。

[4]《武装的人》是文艺复兴时期的一首法国通俗歌曲，后成为弥撒曲常用的曲调。

[5]《马塞勒斯教皇弥撒曲》是帕莱斯特里纳作的一套弥撒曲，现在是他最著名的作品，被视为经典。

[6]《垂怜经》是基督教用于礼仪的一首诗歌，一般是弥撒曲中的第一个乐章。

[7] 弗朗索瓦－约瑟夫·费蒂（François-Joseph Fétis）是比利时音乐学家、作曲家、音乐评论家、教师。他是19世纪最有影响力的音乐评论家之一。

[8] 无调性音乐是现代音乐的一种重要流派与表现形式之一，其构成方式与有调性的古典音乐具有互补意义。无调音乐没有调性音乐具有的调式、和声指向性，也没有协和和弦、不协和和弦的差异。

10 管风琴

[1] 潘是古希腊神话中的牧神。他将芦苇编成乐器，称为“潘笛”（Pan flute）。

[2] 阿里斯蒂德·卡瓦耶－科尔（Aristide Cavaillé-Coll）是法国管风琴建造师。他对管风琴的结构做了诸多改良，被认为是19世纪最杰出的管风琴建造师。

[3] 让－菲利普·拉莫（Jean-Philippe Rameau）是巴洛克时期法国伟大作曲家、音乐理论家。他不但是当时法国乐坛领军人物，还是和声理论的重要奠基人。

[4] 哈勒姆位于荷兰西部，是北荷兰省首府。阿纳姆位于荷兰东部，是海尔德兰省首府。

[5]“nuance”一词被音乐评论家用以专指音乐中强度与速度细致的差别，这些在很大程度上构成了演奏的风格。

[6] 皇家阿尔伯特音乐厅位于英国伦敦西敏市区骑士桥，以维多利亚女王的丈

夫阿尔伯特亲王命名，由维多利亚女王在 1871 年亲自揭幕。

[7] 日内瓦的维多利亚音乐厅是以英国维多利亚女王命名，建于 1891—1894 年，由当时的英国驻日内瓦领事拨款资助。

[8] 路易·雅姆·阿尔弗雷德·勒菲布赫－维利（Louis James Alfred Lefébure-Wély）是法国管风琴演奏家、作曲家，同卡瓦耶－科尔有密切合作关系。

[9] 玛德莲教堂又译马德莱娜教堂，是法国首都巴黎第八区的一座新古典主义风格教堂，其管风琴尤其有名。

11 海顿与《临终七言》

[1]《临终七言》德文全名为 Die sieben letzten Worte unseres Erlösers am Kreuze，英文为 The Seven Last Words of Our Saviour On the Cross，一般认为是 1785 年或 1786 年海顿应西班牙加的斯大教堂（Cádiz Cathedral）之邀为耶稣受难节而作的一首管弦乐曲，后又改编成弦乐四重奏、清唱剧等形式。

[2] 格里高利圣咏是西方基督教单声圣歌的主要传统，是一种单声部、无伴奏的罗马天主教宗教音乐。

[3] 艾斯特哈兹亲王尼克劳斯一世（匈牙利文 Esterházy I. Miklós，英文 Nikolaus I, Prince Esterházy）为匈牙利贵族，是海顿的主要雇主。

[4] 约翰·彼得·扎洛蒙（Johann Peter Salomon）是德国小提琴家、作曲家、指挥家、音乐会经理人。他自 18 世纪 80 年代起定居伦敦，于 1791—1792 年和 1794—1795 年两度邀请海顿到伦敦，此间海顿创作了不少作品。

[5] 宣叙调是一种歌唱形式，接近朗诵和说话，特别用于歌剧或清唱剧中，节奏自由，用于对话或叙述事情的场合。

[6] 咏叹调一般是声乐独唱曲，有很多种样式。在歌剧中，宣叙调一般在情节上是静止的，用来反映内心感情。自 18 世纪以来，咏叹调在歌剧中占有愈来愈重要的地位，19 世纪中期以后的歌剧很多都是多个咏叹调的集合，宣叙调的比重很小。另一方面，在一些现代作品如瓦格纳的“乐剧”中，分曲几乎完

全消失，宣叙调与咏叹调之间并没有明显的区分。

[7] 克瑞翁是古希腊神话中的君主之一，尤莉狄茜的父亲。

[8] 希腊神话中，酒神狄俄倪索斯（Dionysus）狂热的女追随者被称作迈那得斯（复数，Maenads）。在罗马神话中，她们被称为巴克坎忒斯。

[9] 海顿清唱剧《创世纪》于 1798 年在维也纳首演。

[10]《四季》为海顿所作的世俗清唱剧，1801 年在维也纳首演。

[11] 加的斯（Cádiz）是西班牙西南部的一座滨海城市，是加的斯省首府。

[12] 布莱特科普夫和黑特尔是世界最古老的音乐出版社，始创于 1719 年。

[13] 基督教传统上认为耶稣被钉在十字架上，临死前一共说了七句话。这七句话散布于四福音书里。

[14] 圣周是指复活节（每年春分月圆之后第一个星期日）前的一周（从周日到周六，不包括复活节当天）。

[15] 约翰·米夏埃尔·海顿是奥地利作曲家。

[16] 希波克里尼灵感泉是希腊中部山脉赫利孔山（Helicon）的一处泉水，被认为是供奉文艺女神缪斯（Muses）的泉水。

[17] 朱尔·艾蒂安·帕德卢（Jules étienne Pasdeloup）是法国指挥家。

[18] 路易吉·凯鲁比尼（Luigi Cherubini）是意大利作曲家，大部分创作生涯在法国度过。他以创作歌剧和基督宗教圣乐著名，曾任法国皇家剧院音乐总监、王室音乐总监、巴黎音乐学院院长。

[19] 巴拉巴是《圣经·新约》记载的一名强盗。罗马总督彼拉多（拉丁文 Pilatus，英文 Pilate）曾将他与耶稣一同带到耶路撒冷人面前，询问二者中释放哪一位。结果巴拉巴获释，耶稣则被判处死刑。

12　李斯特百年诞辰纪念

[1] 魏玛是德国中部城市。李斯特 1843 年担任魏玛大公的宫廷乐长，在魏玛工作多年。该城现有李斯特音乐学院。

［2］德国音乐总会（德文 Allgemeiner Deutscher Musikverein，ADMV）是李斯特和弗朗茨·布伦德尔（Franz Brendel）于 1861 年共同创办的，1937 年因纳粹影响而解散。

［3］约瑟夫-爱德华·里斯勒（Joseph-édouard Risler）是法国钢琴家，在德国出生，母亲为德国人，父亲为阿尔萨斯人。

［4］费卢西奥·布索尼（Ferruccio Busoni）是意大利作曲家、钢琴家、指挥家、音乐教师。

［5］阿图尔·弗雷德海姆（Arthur Friedheim）是钢琴家、指挥家、作曲家，生于俄国，是李斯特的学生。

［6］清唱剧《基督》作于 1862—1866 年，以耶稣基督的生平为素材。

［7］《但丁》交响曲全名《但丁的神曲交响曲》（英文 A Symphony to Dante's Divine Comedy），1857 年于德累斯顿由李斯特本人指挥首演。

［8］《浮士德》交响曲全名《三个人物的浮士德交响曲》（英文 A Faust Symphony in Three Character Pictures），大约和《但丁》交响曲同期创作，1857 年于魏玛首演。

［9］《山间所闻》是李斯特 13 首交响诗的第一首，灵感来源于雨果的同名诗歌，1854 年完成最终稿。

［10］《塔索》全名《塔索的悲伤与胜利》（英文 Tasso，Lament and Triumph），是李斯特 13 首交响诗的第 2 首，描绘了意大利文艺复兴时代叙事诗人塔索的经历，1854 年完成最终稿。

［11］格雷琴是浮士德的爱人，《浮士德》交响曲中的行板是描绘格雷琴的。

［12］《节庆的声音》是李斯特 13 首交响诗的第 7 首，完成于 1853 年。

［13］意大利歌剧院是巴黎当时的一家歌剧演出团体，历史沿革较复杂。

［14］舒伯特于 1822 年开始写 b 小调第八交响曲，但直到 1828 年他逝世为止，这部作品只完成了两个完整的乐章和一些草稿。

［15］李斯特中年出家，成为天主教神职人员；古诺在投身作曲之前曾专门学

习神学，打算谋神父职。

[16]《梅菲斯托费勒斯》是《浮士德》的终乐章，为李斯特从自己所作的钢琴独奏曲《梅菲斯特圆舞曲》发展而来。他在1862年还将此曲改编成管弦乐交响诗，即后文提到的由里夏德·施特劳斯指挥演出的作品。

[17]菲利普·沃尔夫鲁姆（Philipp Wolfrum）是德国指挥家、音乐学家、作曲家。

[18]维也纳国家歌剧院（英文Vienna State Opera，德文Wiener Staatsoper）始创于19世纪中期，原称维也纳宫廷歌剧院（英文Vienna Court Opera，德文Wiener Hofoper），1920年改现名。

[19]萨拉·简·卡耶尔（Sara Jane Cahier）是女高音歌唱家，生于美国。娘家姓沃克（Walker），与瑞典人查尔斯·卡耶尔（Charles Cahier）结婚，一般被称为卡耶尔夫人。

[20]夏尔·达莫雷（Charles Dalmorès）是法国男高音歌唱家。

[21]达丽拉是《参孙与达丽拉》的女主角。

13 柏辽兹的《安魂曲》

[1]柏辽兹的《安魂曲》又名《纪念亡灵大弥撒》（Grande messe des morts），作于1837年，1852年和1867年两次修订。

[2]《欧那尼》全名《欧那尼，或卡斯蒂利亚的荣耀》（Hernani，ou l'Honneur Castillan），是雨果所作的五幕戏剧，1830年首演于巴黎，当即引起了古典主义和浪漫主义支持者之间的纷争。

[3]《鲁克蕾齐亚·波吉亚》是雨果完成于1833年的戏剧，大致按鲁克蕾齐亚（罗马教皇亚历山大六世的私生女）的生平写成。

[4]《幻想交响曲》是柏辽兹于1830年间所作的交响曲作品，正式名称为《一个艺术家生涯的插曲，五个部分的幻想交响曲》（épisode de la vie d'un artiste，symphonie fantastique en cinq parties）。此曲是标题音乐的完美范例，被视为早

期浪漫主义音乐的代表作。

[5] 安东·雷哈(捷克文 Antonín Rejcha,德文 Anton Reicha)是波西米亚作曲家、音乐理论家、音乐教育家。生于布拉格,后长居法国,任巴黎音乐院教授。

[6] 让-弗朗索瓦·勒絮尔(Jean-François Lesueur)是法国作曲家。

[7] 柏辽兹的《回忆录》在他生前零星发表过一些片段,正式结集出版是在柏辽兹逝世之后的 1870 年。

[8] 君士坦丁位于阿尔及利亚东北部,是君士坦丁省的首府,为阿尔及利亚第三大城市。

[9] 当勒蒙伯爵夏尔-马里·德尼(Charles-Marie Denys, comte de Damrémont)是法军将领,在围攻君士坦丁的战斗中阵亡。

[10] 荣军院全名国家荣誉军人院(L'Hôtel national des Invalides),是巴黎第七区的一座巴洛克风格建筑群,始建于路易十四时期的 1670 年,现为军事博物馆。

[11] 亨利-蒙坦·贝尔东(Henri-Montan Berton)是法国小提琴家、作曲家。这句歌词出自他的三幕歌剧《蒙塔诺和斯蒂芬妮》(Montano et Stéphanie)。

[12] 北欧神话中,托尔访问巨人国,同巨人比赛喝酒。巨人国国王给他的角杯暗中连着整个海洋,托尔虽尽力狂饮,也没能使杯中的酒减少很多。尽管如此,托尔已经喝掉了太多的海水,从此大海中就出现了潮汐。

[13]《听这小号》是传统安魂曲的固定段落,莫扎特的《安魂曲》也有这一段。

[14] 阿道夫·博绍(Adolphe Boschot)是法国音乐评论家。

[15] 夏尔·拉穆勒(Charles Lamoureux)是法国指挥家、小提琴家。

[16]《D 大调庄严弥撒》(Missa Solemnis in D Major)是贝多芬于 1819 至 1823 年间创作的弥撒曲。

[17] 柏辽兹 1833 年与爱尔兰(当时属于英国)女演员哈丽雅特·史密森(Harriet Smithson)结婚,1842 年分居。1854 年史密森去世后,柏辽兹与同居 13 年的意大利女中音歌唱家玛丽·雷奇奥(Marie Recio)结婚。

[18]《费加罗的婚礼》的脚本为意大利语。

[19]《阿尔西斯特》是格鲁克作曲的三幕歌剧，1767 年首演于维也纳。

[20] 这首咏叹调是格鲁克作曲的四幕歌剧《伊菲姬尼在陶里德》(Iphigénie en Tauride) 中的著名唱段。此剧脚本为法文，1779 年首演于巴黎。

14 波利娜·维阿尔多

[1] 缪塞是法国戏剧家、诗人、小说家。

[2] 马利布朗是西班牙裔法国女中音歌唱家，虽 28 岁即不幸去世，仍被认为是 19 世纪最著名的歌剧演员之一。缪塞写有长诗《致马利布朗》(À la Malibran)。

[3] 贾科莫·迈耶贝尔（Giacomo Meyerbeer）是德国犹太裔作曲家，主要在巴黎工作。原名雅各布·利布曼·比尔（Jakob Liebmann Beer)，1810 年因获得亲戚迈耶的遗产，将姓氏改为“迈耶贝尔”。

[4]《先知》为迈耶贝尔作曲的五幕歌剧，1849 年在巴黎首演，维阿尔多夫人扮演重要角色菲戴斯。

[5] 第一章注释中提到过，玛丽亚·马利布朗是波利娜·维阿尔多的姐姐。

[6] 阿里·谢弗是浪漫主义画家，生于荷兰，幼时即随母亲搬到巴黎居住。

[7] 拿破仑·亨利·勒贝（Napoléon Henri Reber）是法国作曲家，雷哈和勒絮尔的学生。

[8] 这句话出自古罗马诗人贺拉斯（拉丁文 Quintus Horatius Flaccus，英文 Horace）的《讽刺诗集》(Satires)。原句为“O rus，quando ego te aspiciam”，比此处的引文多一个词。

[9] 尤利乌斯·施托克豪森（Julius Stockhausen）是德国歌唱家。

[10] 伸缩速度是一种演奏技巧，指在一段短时间内不顾及严格的拍子，在某个音符或某些音符中“夺取”时间，在后面给以“补偿”。

[11] 瓦伦丁和安娜都是女高音角色，而维阿尔多夫人是女中音。

15 奥尔菲斯

［1］贝特霍尔德·达穆克（Berthold Damcke）是德国音乐评论家、作曲家，音乐生涯主要在巴黎度过，是著名的作曲教师。他和柏辽兹友谊深厚，是柏辽兹的两名遗嘱执行人之一。

［2］格鲁克写有两部以“伊菲姬尼”为名的歌剧。一为三幕歌剧《伊菲姬尼在奥利德》（Iphigénie en Aulide），1774 年在巴黎首演；二为四幕歌剧《伊菲姬尼在陶里德》（Iphigénie en Tauride），1778 年在巴黎首演。两部作品的脚本不同。

［3］《阿尔米德》是格鲁克作曲的五幕歌剧，1777 年首演于巴黎。

［4］勒内·莫拉（René Morax）是瑞士诗人、剧作家。

［5］多雷是瑞士指挥家、作曲家。

［6］若拉剧院即前段说的在梅济耶尔的剧院。

［7］安娜·伊丽莎白·比贝斯科－巴萨拉巴·德·勃兰科温公主（Princess Anna Elisabeth Bibesco-Bassaraba de Brancovan）生于巴黎，是罗马尼亚贵族后裔，为知名作家。

［8］伊格纳奇·扬·帕德雷夫斯基（Ignacy Jan Paderewski）是波兰钢琴家、作曲家、政治家、外交家。他被认为是 19 世纪末 20 世纪初最杰出的世界级钢琴大师之一。1919 年“一战”结束，波兰获得独立，他在新政权中担任总理兼外交部部长，但不久便辞职，重返音乐舞台。“二战”爆发后，帕德雷夫斯基出逃国外，不幸于 1941 年的一次演讲后感染肺炎，逝世于纽约。

［9］拉涅里·德·卡尔扎比吉（Ranieri de’ Calzabigi）是意大利诗人、歌剧脚本作家。

［10］加埃塔诺·瓜达尼（Gaetano Guadagni）是意大利阉人歌手，音域可达女中音。

［11］弗朗索瓦－安德烈·丹尼根·菲利多尔（François-André Danican Philidor）是法国作曲家，也是国际象棋高手。菲利多尔家族发源于苏格兰，是法国著名的音乐家族，在法国历代宫廷中担任乐师。

[12]《魔法师》是菲利多尔作曲的二幕歌剧，于1764年首演。

[13] 安托瓦内特（原名玛丽亚·安东妮亚·约瑟芬·约翰娜，Maria Antonia Josepha Johanna），早年为奥地利女大公，1770年嫁给法国王太子。太子后来登基，为法国国王路易十六，安托瓦内特也成为法国王后。1793年被革命法庭判处死刑，被处决于断头台。

[14] 皮埃尔－路易·莫林（Pierre-Louis Moline）是法国戏剧家、诗人、歌剧脚本作家。

[15] 约瑟夫·勒格罗（Joseph Legros）是法国歌唱家、作曲家。

[16]《法兰西信使》是一份法国文艺刊物，原名《文雅信使》（Mercure galant），始创于1672年，1724年改现名。

[17] 费迪南多·贝尔托尼（Ferdinando Bertoni）是意大利作曲家、管风琴家。

[18]《阿里斯特奥》是格鲁克的歌剧作品《阿波罗的节日》（Le Feste d'Apollo）中的一幕。此作品由一个序幕和三个独立成篇的部分组成，是为庆祝帕尔马公爵婚礼而写，首演于1769年。

[19]《帕里德与爱莱娜》是格鲁克作曲的五幕歌剧，1770年于维也纳首演。

[20]《唐·璜与石人》是根据莫里哀的同名剧作改编的，格鲁克作曲。

[21] 特蕾泽·穆勒（Therese Müller）是德国女高音歌唱家，艺名特蕾泽·马尔滕。

[22] 雷诺是《阿尔米德》的男主角（1777年巴黎首演时此角由勒格罗扮演），一名十字军战士。

[23] Rinaldo是Renaud的意大利文形式。Ich liebe dich为德语"我爱你"。

[24] 安托万·弗朗索瓦·马蒙泰尔（Antoine François Marmontel）是法国作曲家、钢琴家、音乐教育家。

[25] 费利克斯·勒·库帕依（Félix Le Couppey）是法国音乐教师、钢琴家。

[26] 埃内斯特·雷耶（Ernest Reyer）是法国歌剧作曲家、音乐评论家。

[27] 古诺的岳父是法国钢琴家、作曲家、音乐教师皮埃尔－约瑟夫－纪尧

姆·齐默尔曼（Pierre-Joseph-Guillaume Zimmermann）。

[28]让-巴普蒂斯特·吕利（Jean-Baptiste Lully），原名乔万尼·巴蒂斯塔·卢利（Giovanni Battista Lulli），是意大利出生的法国作曲家。他一生的大部分时间都在法国国王路易十四的宫廷里作曲，是路易十四的宫廷乐正，对当时的欧洲音乐产生了巨大影响。

[29]《美杜莎》是吕利作曲的五幕歌剧《珀耳修斯》（Persée）中的一幕。

[30]法语单词的重音一般在最后一个音节，但不十分突出。

[31]以下歌词中，斜体为歌唱时的重读音节。

[32]奥芬巴赫 1819 年出生在科隆，1833 年被巴黎音乐院录取，方移居法国。

[33]这是奥芬巴赫作曲的三幕法语歌剧《大公夫人》（Madame l'archiduc）中的两句歌词。此剧 1874 年首演于巴黎。

[34]《维罗尼加》是梅萨热作曲的三幕歌剧，1898 年于巴黎首演。

16 德萨尔特

[1]迪凯内尔是法国记者、评论家，也曾担任戏院经理。

[2]弗朗索瓦·德萨尔特是法国声乐和演讲学教师。他研究发展了一套用肢体动作表达内心情感的表演方法，广为流传，斯坦尼斯拉夫斯基的表演理论也以此为基础。德萨尔特还是著名作曲家比才的舅舅。

[3]吉尔贝·迪普雷（Gilbert Duprez）是法国男高音歌唱家、声乐教师。

[4]卡尔瓦略夫人的娘家姓是菲利克斯-米奥兰（Félix-Miolan）。

[5]让·德·拉封丹（Jean de La Fontaine）是法国诗人。

[6]安德烈·康普拉（André Campra）是法国作曲家、指挥家。

[7]让-约瑟夫·德·蒙东维尔（Jean-Joseph de Mondonville）是法国小提琴家、作曲家。

[8]雅克-贝尼涅·鲍舒哀（Jacques-Bénigne Bossuet）是法国主教、神学家，以讲道及演说闻名，为路易十四的宫廷布道师。

17 塞热

[1] 皮埃尔·巴约（Pierre Baillot）是法国小提琴家、作曲家。

[2] 贝多芬晚期弦乐四重奏指1825—1826年贝多芬创作的6首弦乐四重奏（作品127、130、131、132、133、135）。这六部作品是贝多芬一生最后的作品，形式复杂、内涵深邃，在当时过于超前，因此没有受到评论家和听众的赏识。但现在一般认为这些作品不仅是弦乐四重奏的登峰造极之作，更是历史上所有音乐作品中的佼佼者。

[3] 让－皮埃尔·莫兰（Jean-Pierre Maurin）是法国小提琴家，也是巴约的学生。

[4] 乐长（chapel master）原指在教堂里指导音乐的人，后来泛指在各个场所的音乐负责人。进入现代后，这个词逐渐被“指挥”或“音乐总监”代替。

[5] 托尔贝克是法国大提琴家、作曲家。除演奏外，他还致力于古乐器重现工作。1873年1月19日，他首演了圣－桑的《第一大提琴协奏曲》。

[6] 爱德华·德尔德维茨（édouard Deldevez）是法国小提琴家、指挥家、作曲家、音乐教师。

[7]《曼弗雷德：三部分配乐诗剧》（Manfred: Dramatic Poem with Music in Three Parts）是舒曼为拜伦诗剧《曼弗雷德》所作的配乐，写于1848—1849年。这部作品由序曲、独唱曲、合唱曲和其他乐曲组成，共15首，其中序曲最为著名。

[8] 路易·泰奥多尔·古维（Louis Théodore Gouvy）是法国作曲家。

[9]《普列彻欧萨》是卡尔·马利亚·冯·韦伯为德国演员、作家皮乌斯·亚历山大·伍尔夫（Pius Alexander Wolff）的同名戏剧所作的配乐，写于1921年。

[10]《欢庆序曲》是韦伯作于1818年8月的一首管弦乐作品，同他写于同年的《欢庆康塔塔》（Jubel-Kantate）并无关系。

[11] 尼尔斯·威廉·加德（Niels Wilhelm Gade）是丹麦作曲家、指挥家、小提琴家、管风琴家。

[12] 奥古斯特－莫里斯·巴雷斯（Auguste-Maurice Barrès）是法国小说家、

记者、政治家。

[13]《海盗》和《李尔王》(基于莎士比亚同名戏剧)是柏辽兹分别作于 1844 年和 1831 年的两首序曲。

[14]《基督的童年》是柏辽兹的一部清唱剧,《出埃及记》完成于 1850 年,其他部分基本写于 1853—1854 年。全剧于 1854 年 12 月在巴黎首次完整上演,由柏辽兹本人指挥。

[15] 爱德华・科洛纳(édouard Colonne)是法国小提琴家、指挥家。他是柏辽兹音乐的热情推广者。本书第二章中提到,他于 1873 年创立了科洛纳乐团。

[16] 让-巴普蒂斯特・泰奥多尔・韦克林(Jean-Baptiste Théodore Weckerlin)是法国作曲家、音乐出版人。

[17]《施特林泽》是迈耶贝尔作的五幕戏剧配乐。

[18]《普罗米修斯》是阿莱维作的一部清唱剧。

[19]《襟怀坦白的法官》是柏辽兹于 1826 年开始写作的一部歌剧,但他后来放弃了这个计划,仅保留了序曲。

18 罗西尼

[1]《塞维利亚的理发师,或无用的预警》(Il barbiere di Siviglia,osia L'inutile precauzione)是罗西尼作曲的二幕喜歌剧,1816 年在罗马首演。脚本为意大利文,是根据法国作家皮埃尔・博马舍(Pierre Beaumarchais)的同名喜剧写成。

[2]《威廉・退尔》是罗西尼作曲的四幕歌剧,1829 年在巴黎首演,序曲尤为著名。最初的脚本为法文,是根据弗里德里希・席勒(Friedrich Schiller)的同名戏剧写成,后来也有了意大利文脚本。由于全剧接近四小时的长度和表演上的难度,上演时常有删减。

[3]《摩西和法老王,或跨越红海》(Moïse et Pharaon,ou le Passage de la mer Rouge)是罗西尼于 1827 年完成的四幕歌剧,脚本为法文,同年在巴黎首演。此剧是根据罗西尼早年间写的意大利语三幕歌剧《摩西在埃及》(Mosè in

Egitto）修订而来。

[4] 恩里科·唐贝里克（Enrico Tambelick）是意大利男高音歌唱家。

[5]《赛密拉米德》是罗西尼作曲的二幕歌剧，脚本改编自伏尔泰的悲剧《赛密拉米斯》(Semiramis)，1823 年在威尼斯首演。

[6] 莫兰、让－德尔芬·阿拉尔（Jean-Delphin Alard)、朱尔·阿明高（Jules Armingaud）等法国著名小提琴家从 17 世纪中期开始纷纷致力于室内乐演奏，组织了一些四重奏团体。

[7] 路易·约瑟夫·费迪南·埃罗尔德（Louis Joseph Ferdinand Hérold）是法国作曲家，曾同奥柏合作。

[8]《坦克雷迪》是罗西尼作曲的二幕歌剧，1813 年首演于威尼斯，脚本基于伏尔泰的同名戏剧。

[9]《菲岱里奥》是贝多芬的唯一一部歌剧作品，1805 年在维也纳首演时为三幕，后来贝多芬对其进行修订，1814 年的终稿改为二幕。

[10] 路易·多吕（Louis Dorus）是法国长笛演奏家，他首先在法国采用现代长笛，并对乐器做了改良。

[11] 阿道夫－马尔特·勒鲁瓦（Adolphe-Marthe Leroy）是法国单簧管演奏家。

[12] 谣唱曲是正常形式的独唱咏叹调，不过是以一段体代替古典咏叹调的三段体，歌词字句不带反复。

[13]《科林斯之围》是罗西尼作曲的三幕歌剧，1826 年在巴黎首演。这是罗西尼的第一部法语作品。

[14] 朱塞佩·斯坦济埃里（Giuseppe Stanzieri）是意大利钢琴家、作曲家。

[15] 路易－约瑟夫·狄耶梅是法国钢琴家、作曲家。

[16] 阿德利娜·帕蒂（Adelina Patti）是著名花腔女高音歌唱家，出生在西班牙马德里，后因婚姻而持有法国护照。

[17]《贼鹊》是罗西尼作曲的二幕歌剧，1817 年在米兰首演。

[18] 完成《威廉·退尔》后，罗西尼在他余下的近四十年的生命中再也没有

写任何歌剧和大型音乐作品。

[19]拉辛以希腊神话为题材写的五幕悲剧《费德尔》1677年1月上演遭到失败，其后拉辛基本从文学界引退，直至1699年去世。

[20] 在拉辛剧作上演的同时，雅克·普拉东［常被称为尼古拉（Nicolas）］根据同一题材创作的同名戏剧也在上演，由于职业"喝彩集团"的推波助澜，普拉东的作品获得了成功。

[21] 德尚皇家港修道院（Abbaye de Port-Royal des Champs）是巴黎西南的一座修道院，创办有多所著名学校，拉辛就是皇家港一所学校的学生。

[22]《爱斯苔尔》和《阿达莉》分别写于1689年和1691年，是应路易十四的非正式王后曼特农夫人（Madame de Maintenon）之邀而作的，均取材于《圣经》。

[23]比斯是法国剧作家、歌剧脚本作家。他是《威廉·退尔》的脚本作者之一。

[24]《音乐晚会》是12首艺术歌曲的合辑，写于1830—1835年。

[25]《圣母悼歌》是为合唱团和乐队写的音乐作品，结构基本遵循传统的圣母悼歌形式，全部完成于1841年，1842年在巴黎首演。

[26]《小庄严弥撒》是罗西尼于1863年完成的一套小编制弥撒曲，1864年首演。

19 朱尔·马斯内

[1] 马斯内1878年当选法兰西艺术院（Académie des Beaux-Arts，法兰西学会的五个院之一）院士，直至1912年逝世。

[2] 弗朗索瓦·约瑟夫·塔尔马（François Joseph Talma）是法国男演员。

[3] 伊丽莎白·拉歇尔·费利克斯（Elisabeth Rachel Félix）是法国女演员，一般被称为"拉歇尔小姐"（Mademoiselle Rachel）。

[4] 让娜·朱利亚·巴尔泰（Jeanne Julia Bartet）是法国女演员。

[5] 萨拉·贝纳尔（Sarah Bernhardt）是法国女演员。

[6] 拉丁文，意为"他跳舞，使人快乐"。

［7］在希腊罗马神话中，阿波罗掌管的范围包括音乐和艺术，是音乐家和诗人的保护神。

［8］克劳德·米歇尔（Claude Michel）是法国雕塑家，以“克洛迪翁”的名字行世。

［9］夏尔·安托万·夸塞沃（Charles Antoine Coysevox）是法国雕塑家。

［10］安托万·弗拉戈纳尔（Antonin Fragonard）是法国雕塑家。

［11］乔治·德·拉·图尔（Georges de La Tour）是法国巴洛克时代画家，以绘画烛光作为光源的晚景闻名。

［12］皮耶·德·马里沃（Pierre de Marivaux）是法国小说家、剧作家，被认为是 18 世纪最重要的法国剧作家之一。

［13］这是马斯内作曲的五幕歌剧《玛侬》的情节，玛侬和德古耶是此剧的男女主人公。《玛侬》1884 年在巴黎首演，至今长盛不衰。

［14］罗蕾莱是莱茵河中游东岸一座高 132 米的礁石，此处是莱茵河最深和最窄的河段，事故频发。传说在罗蕾莱山顶上有位美若天仙的女妖罗蕾莱，用动人的美妙歌声诱惑着行经的船只使之遇难。

［15］塞壬是希腊神话中人首鸟身（或鸟首人身、甚至跟人鱼相类）的女怪。根据荷马史诗《奥德赛》中描写，塞壬女妖们居住在西西里岛附近海域，用自己天籁般的歌喉使得过往的水手倾听失神，航船触礁沉没。

20　迈耶贝尔

［1］《祖国神圣的爱》是奥柏的歌剧《波尔蒂契的哑女》中的一首二重唱。

［2］奥古斯丁·欧仁·斯克里布（Augustin Eugène Scribe）是法国剧作家、歌剧脚本作者。他给迈耶贝尔、威尔第、阿莱维、奥柏、罗西尼等许多同时期著名作曲家写过歌剧脚本。

［3］一种古希腊的簧管乐器奥罗斯（Aulos），通常用在崇拜酒神的仪式中，担任诗歌诵唱间的连接功能，而酒神的崇拜仪式一般被认为是希腊戏剧的起源；

七弦琴长期被用作音乐的标记。

[4]《北方的明星》是迈耶贝尔作曲的三幕喜歌剧，1854 年在巴黎首演。

[5] 斯帕是位于比利时列日省东部的一座城市。

[6] 蓝色地处地中海沿岸，为法国与意大利接壤处的大片海滨地区，被认为是世界最奢华和最富有的地区之一。

[7] 佩涅罗珀是古希腊神话中的英雄奥德修斯之妻，事迹记载于荷马史诗《奥德赛》中。奥德修斯参加特洛伊战争失踪后，她坚守 20 年不改嫁并以计摆脱各种威逼利诱，后又在奥德修斯归来后与其齐心协力将图谋不轨者清除。

[8] 舒曼作曲的四幕歌剧《格诺费瓦》(Genoveva) 1850 年在莱比锡首演，遭遇惨败，仅演三场便草草结束。这部歌剧的失败导致舒曼决定不再创作歌剧。

[9] 学院派古典主义的代表人物安格尔在艺术生涯中同浪漫主义的先锋德拉克洛瓦针锋相对，时有论战。

[10]《欧丽安特》是卡尔·冯·韦伯作曲的三幕歌剧，1823 年在维也纳首演。

[11] 海因里希·马施纳（Heinrich Marschner）是德国作曲家，被认为是卡尔·冯·韦伯和瓦格纳之间承前启后的人物。

[12] 汉斯·吉多·冯·彪罗男爵（Hans Guido Freiherr von Bülow）是 19 世纪重要德国指挥家、钢琴家和作曲家。

[13]《茶花女》是威尔第作曲的三幕歌剧，脚本基于小仲马的同名小说改编，1853 年于威尼斯首演。

[14]《阿依达》是威尔第作曲的四幕歌剧，1871 年于开罗首演。

[15]《莎乐美》是里夏德·施特劳斯作曲并作词的单幕德语歌剧。该剧脚本是基于奥斯卡·王尔德（Oscar Wilde）同名法语戏剧的德语译本改编而成的。此剧在 1905 年于德累斯顿首演，引起了巨大的争议，但也取得了巨大的成功。

[16] Leitmotiv 为德语，指主题反复出现与变形的技法，在莫扎特、韦伯等人的歌剧作品中已经出现，由柏辽兹、舒曼、李斯特在管弦乐中加以发展，在瓦格纳的作品中达到高峰，并继续由里夏德·施特劳斯等后世歌剧作曲家沿用。

这个词可能首次出现于1865年，在A.W.安布罗斯评论瓦格纳歌剧和李斯特交响诗的文章中。

[17] 协和广场是法国巴黎市中心塞纳河右岸的一个大广场，建于1757年，见证了许多历史事件。广场上布满了雕塑和喷泉，中心摆放着巨大的埃及方尖碑。

[18] 夏尔·加尼耶（Charles Garnier）是法国建筑师。他为巴黎歌剧院设计的演出场馆加尼耶宫（Palais Garnier）是新巴洛克风格的代表建筑。加尼耶宫于1875年落成开幕，直到1989年巴士底歌剧院（Opéra Bastille）开幕前一直是巴黎歌剧院的主要演出场所。

[19] 在罗马神话中，密涅瓦是从乔夫（朱庇特）的头中诞生出来的。

[20]《图勒王之杯》是马斯内1866年完成的歌剧，并未上演过。

[21] 路易－维克多－内斯托尔·洛克普兰（Louis-Victor-Nestor Roqueplan）是法国作家、记者、剧院经理。他于1857—1860年任巴黎喜歌剧院总经理。

[22] 夏尔－路易－艾蒂安·尼泰（Charles-Louis-étienne Nuitter）是法国歌剧脚本作者、翻译家、作家、图书馆学家。他从19世纪60年代中期开始负责巴黎歌剧院的档案文献管理，为保存、整理、研究这一时期的音乐文献做出了贡献。

[23]《西里西亚一军营》是迈耶贝尔作曲的五幕歌唱剧（Singspiel，特点是以音乐化的对白代替宣叙调，加入民谣风格），脚本是由斯克里布先写好法文版，再改成德文。1844年于柏林首演，1847年修改后更名为《菲尔卡》（Vielka）。该剧的不少素材后来被直接移植到《北方的明星》中。

[24] 普鲁士国王腓特烈二世（德文Friedrich II von Preußen，der Große），是军事家、政治家、作家、作曲家，史称腓特烈大帝。他统治时期普鲁士军事、政治、经济、文化、艺术等领域均有飞速发展。迈耶贝尔在柏林时的普鲁士国王腓特烈·威廉四世（Friedrich Wilhelm IV）是腓特烈二世的后裔。

[25] 林德是瑞典著名女高音歌唱家。

[26] 俄国沙皇彼得一世·阿列克谢耶维奇·罗曼诺夫（Pyotr Alexeyevich Romanov）力行改革，使俄罗斯现代化，定都圣彼得堡，人称彼得大帝。

[27] 夏尔 – 阿马布勒 · 巴塔伊（Charles-Amable Battaille）是法国男低音歌唱家。

[28] 迪普雷是法国女高音歌唱家，第 13 章提到的吉尔贝 · 迪普雷是她的父亲。

[29] 圣巴托罗缪是耶稣十二门徒之一。圣巴托罗缪大屠杀（法语 Massacre de la Saint-Barthélemy）发生于 1572 年法国宗教战争期间，是由宫廷内部的天主教派针对胡格诺派领导人物的刺杀行动引发，之后发生了天主教徒针对胡格诺派的暴动。传统上认为此事件是由查理九世的母后凯瑟琳 · 德 · 美第奇煽动。

[30] 圣 – 皮里斯伯爵是《胡格诺教徒》剧中的人物，为天主教贵族，策划了对胡格诺教徒的屠杀。

[31] 拉乌尔是剧中的男主角，一位新教徒贵族。

[32] 阿道夫 · 努利特（Adolphe Nourrit）是法国男高音歌唱家、歌剧脚本作者、作曲家。

[33] 科尔纳利 · 法尔孔（Cornélie Falcon）是法国女高音歌唱家。努利特和法尔孔是《胡格诺教徒》首演时男女主角的扮演者。

[34]《查理九世年表》是梅里美于 1829 年出版的历史小说。

[35] 本段写的是《先知》的演出情况。扬 · 胡斯（捷克文 Jan Hus，英文 John Huss）是波希米亚宗教思想家、哲学家、改革家，被认为是第一位基督教改革家。罗马教廷视胡斯为异端，于 1411 年革除其教籍。1414 年，胡斯被宗教会议判决有罪，次年处火刑。胡斯之死直接导致了 1420—1434 年的波希米亚战争。1999 年，罗马天主教会正式为胡斯之死道歉。

[36] 莱顿的扬（荷兰文 Jan van Leiden，英文 John of Leiden）是一名基督教再洗礼派（Anabaptist，宗教改革时从天主教分离出的一个教派）领袖，出生于荷兰莱顿。

[37] 罗西纳 · 斯托尔茨（Rosine Stoltz）是法国女中音歌唱家。

[38] 古斯塔夫 – 伊波利特 · 罗歇（Gustave-Hippolyte Roger）是法国男高音歌唱家。

[39] 尼古拉 · 勒瓦瑟（Nicolas Levasseur）是法国男低音歌唱家。

[40]《上帝保佑国王》是一首圣歌，在法国的旧制度时期实际上扮演了国歌的角色。

[41]《普洛厄梅尔的宽恕》是迈耶贝尔作曲的三幕喜歌剧，1859 年在巴黎首演。在国外上演时还是改用了《迪诺拉》这个名字。

[42] 喜歌剧院和抒情歌剧院分别位于法瓦尔广场和沙特莱广场。

[43] 阿尔芒·利姆南德（Armand Limnander）是比利时作曲家。

[44] 夏尔－路易·圣－富瓦（Charles-Louis Sainte-Foy）是法国男高音歌唱家。

[45]《非洲女郎》是迈耶贝尔作曲的五幕歌剧，1865 年（迈耶贝尔去世一年后）于巴黎首演。

[46] 玛丽·克鲁韦利本姓克吕维尔（Crüwell），是德国女中音歌唱家。

[47] 玛丽·康斯坦丝·萨斯（Marie Constance Sasse，姓氏又拼作 Sax、Saxe、Sass）是比利时女高音歌唱家。

[48] 塞利卡是《非洲女郎》的女主角。

[49] 埃米利奥·瑙丁（Emilio Naudin）是意大利男高音歌唱家。

[50] 安托万－约瑟夫·萨克斯（Antoine-Joseph Sax）昵称阿道夫，是比利时乐器设计家，萨克斯管的发明者。

[51]《安茹的玛格丽特》是迈耶贝尔作曲的二幕通俗歌剧，1820 年于米兰首演。

[52]《十字军战士在埃及》是迈耶贝尔作曲的二幕歌剧，1824 年于威尼斯首演。

[53]《军中女郎》是多尼采蒂作曲的二幕喜歌剧，1840 年于巴黎首演。

[54] 奥德翁剧院（Théatre de l'Odéon）是巴黎的一座剧院，为法国的 6 座国立剧院之一。1990 年，奥德翁剧院更名为欧洲剧院（Théatre de l'Europe）。

[55]《培尔·金特》是格里格为易卜生（Ibsen）作的同名诗剧所写的两套交响乐曲，谱于 1875 年。1888—1891 年，格里格将其中的 8 个乐章抽出来，成为今天两组各 4 个乐章的《培尔·金特组曲》。

21 雅克·奥芬巴赫

[1] 轻歌剧也称配乐喜歌剧，是娱乐性较强的一类歌剧。其结构短小，音乐风格轻松活泼，情节多取自现实生活，结合当时的流行歌曲，通俗易懂。

[2] 安德烈·埃内斯特·莫德斯特·格雷特里（André Ernest Modeste Grétry）是法籍作曲家，生于比利时，主要在法国工作，以喜歌剧知名。

[3]《达夫尼斯与克洛埃》是奥芬巴赫作曲的独幕轻歌剧，1860 年首演。

[4] 贝多芬《c 小调交响曲》即为著名的第五交响曲“命运”。

[5] 玛格丽特·乌加尔德（Marguerite Ugalde）是法国女中音歌唱家。

[6]《地狱中的奥尔菲斯》（又译《天国与地狱》）是奥芬巴赫作曲的滑稽歌剧（opéra bouffon），1858 年首演。

[7]《话匣子》是奥芬巴赫作曲的滑稽歌剧，初稿为独幕，后来修订成两幕。乌加尔德夫人于 1863 年在修订版在巴黎的首演中扮演主角。

[8] 约翰·巴普蒂斯特·克拉默（Johann Baptist Cramer）是英国音乐家。

[9] 穆齐奥·克莱门蒂（Muzio Clementi）是意大利音乐家，有作曲家、钢琴家、指挥家、钢琴乐器的开发者、钢琴制造家、音乐出版商、钢琴教师等多种身份。

[10]《鲁滨逊·克鲁索》《绿绿》《范塔西奥》都是三幕喜歌剧，分别于 1867、1869、1872 年首演。轻歌剧《福图尼奥之歌》和《美丽的海伦》分别首演于 1861 年和 1864 年。

[11] 奥尔唐斯·卡特琳·施奈德（Hortense Catherine Schneider）是法国女高音 / 女中音歌唱家，尤以扮演奥芬巴赫作品中的角色著名。

22 君主

[1] 维多利亚女王全名为亚历山德琳娜·维多利亚（Alexandrina Victoria），自 1837 年 6 月 22 日起为大不列颠及爱尔兰联合王国君主，直至去世。维多利亚在位时间长达 63 年 7 个月，是到目前为止在位最久的英国君主。

[2] 温莎城堡位于英格兰东南部的温莎，目前是英国王室温莎王朝的家族城堡。

[3] 丹麦的亚历山德拉（Alexandra of Denmark）全名亚历山德拉·卡洛琳·玛丽·夏绿蒂·路易丝·茱莉亚（Alexandra Caroline Marie Charlotte Louise Julia）为丹麦国王克里斯蒂安九世之女，嫁给了英王爱德华七世。

[4] 路易吉·拉布拉什（Luigi Lablache）是意大利男低音歌唱家。

[5] 比阿特丽斯公主全名比阿特丽斯·玛丽·维多利亚·费奥多尔（Beatrice Mary Victoria Feodore），是维多利亚女王与阿尔伯特亲王的第五个女儿和第九个孩子，同时也是最小的孩子。其女埃纳（Ena）嫁给了西班牙国王阿方索十三世。

[6] 科文特花园是伦敦西区的一片地区，有众多剧院、商店等。英国皇家歌剧院（Royal Opera House）坐落于此，音乐界一般将"科文特花园"作为皇家歌剧院的代名词。

[7] 埃玛·阿尔巴尼女爵士（Dame Emma Albani）是加拿大女高音歌唱家，被认为是 19 世纪末到 20 世纪初最优秀的女高音之一。她的丈夫欧内斯特·贾伊（Ernest Gye）时任皇家歌剧院经理。

[8] 伍尔夫是荷兰小提琴家。

[9] 康诺特和斯特拉森公爵阿瑟亲王（The Prince Arthur，Duke of Connaught and Strathearn）全名阿瑟·威廉·帕特里克·阿尔伯特（Arthur William Patrick Albert），是维多利亚女王和阿尔伯特亲王的第七个孩子及第三子。

[10] 爱德华七世（Edward VII）全名阿尔伯特·爱德华（Albert Edward），是维多利亚女王和阿尔伯特亲王的第二个孩子及长子。1901 年 1 月 22 日维多利亚女王驾崩，爱德华继位。

[11]《弥赛亚》是亨德尔于 1741 年创作的大型清唱剧，是他最为有名的作品之一。著名的《哈利路亚》（Hallelujah）大合唱即出自该剧。

[12] 亦有观点认为亨德尔写《弥赛亚》用了 24 天。

[13] 约瑟夫·科尔内耶·胡贝特·霍尔曼（Joseph Corneille Hubert Hollman）是荷兰大提琴家、作曲家。

［14］丹麦的德格玛公主（Princess Dagmar of Denmark）嫁给了俄国沙皇亚历山大三世，称玛丽亚·费奥多萝芙娜（Maria Feodorovna）。亚历山大三世于1894年去世，她遂成为皇太后。

［15］丹麦的提拉公主（Princess Thyra of Denmark）于1878年嫁给流亡在英国的汉诺威王国王位继承人恩斯特·奥古斯特二世。

［16］汉诺威王国已于1866年被普鲁士吞并。

［17］黑塞－卡塞尔的路易丝（Louise of Hesse-Kassel）即前文提到的丹麦王后、丹麦国王克里斯蒂安九世的妻子、英国亚历山德拉王后的母亲。

［18］奥地利的玛丽亚·克里斯蒂娜（英文Maria Christina of Austria，西班牙文María Cristina de Austria）是西班牙国王阿方索十二世的第二任妻子。

［19］奥尔良的阿梅莉（英文Amélie of Orléans，葡萄牙文Amélia de Orleães）是葡萄牙国王卡洛斯一世的王后。

［20］1885—1902年，由于其子阿方索十三世年幼，克里斯蒂娜担任西班牙摄政。

［21］卡洛斯一世于1908年遇刺身亡，阿梅莉的儿子继位为曼努埃尔二世。1910年10月葡萄牙爆发革命，曼努埃尔二世被废黜，葡萄牙君主制终结。

［22］萨伏依的玛格丽塔（英文Margherita of Savoy，意大利文Margherita di Savoia）是意大利王国国王翁贝托一世的王后。

［23］黑山的埃莱娜（英文Elena of Montenegro，意大利文Elena del Montenegro）是意大利王国国王维托里奥·埃马努埃莱三世（1900年翁贝托一世遇刺身亡后继位）的王后。

［24］当时的比利时王后是奥地利的玛丽·亨丽埃塔女大公（英文Archduchess Marie Henriette of Austria，法文Marie-Henriette，archiduchesse d'Autriche，荷兰文Maria Henriëtta，Aartshertogin van Oostenrijk），她的丈夫是利奥波德二世国王。

［25］摩纳哥亲王是摩纳哥的国家元首。此处提到的摩纳哥亲王应是夏尔三世（Charles III）。

23 美术界的音乐家

[1] 让－皮埃尔·格朗热（Jean-Pierre Granger）是法国画家。

[2] 罗莱特圣母院位于法国北部加来海峡省的阿布兰圣纳泽尔（Ablain-Saint-Nazaire），包括一条山脊、一座教堂和世界最大的法军公墓。

[3]《三圣王来朝》是经典宗教画题材，表现的是《圣经》中东方三圣王（也称博士、贤士、智者、麦琪、术士等）朝拜耶稣基督的故事，有许多画家画过同名作品。

[4] 保罗·德拉罗什（Paul Delaroche）是法国著名的学院派画家。

[5] 迪耶普（Dieppe）是法国临英吉利海峡的港口城市。迪耶普博物馆现在在迪耶普城堡（Chateau de Dieppe）中。

[6] 莱塞是法国艺术品收藏家、艺术史学家。

[7] 蒙托邦是法国南部城市，安格尔的出生地。

[8] 多雷是法国著名版画家、雕刻家和插图作家。

[9] 安托万·奥古斯特·埃内斯特·埃贝尔是法国画家。

[10] 亚历山大－乔治－亨利·勒尼奥（Alexandre-Georges-Henri Regnault）是法国画家。

[11] 布辛是法国诗人、男中音歌唱家、声乐教师。

[12]《波斯旋律》是圣－桑作曲的声乐套曲，共6首。后面提到的《军刀在手》和《墓园》都是其中的歌曲。

[13] 普法战争中巴黎西部的比藏瓦尔公园附近发生了两次战斗，第一次在1870年10月21日，第二次在1871年1月19日。勒尼奥不幸在第二次比藏瓦尔战斗中阵亡。

外文原文	页码	中文翻译	简要解释	非常著名
Académie des inscriptions et belles-lettres	001	法兰西文学院	法国学院	
Académie des sciences	045	法国科学院	法国学院	
Achard, Amédée	030	阿梅代·阿查德	法国歌唱家	
Adam	039	亚当	法国文学家、活动家	
Adoration des mages, L’	181	《三圣王来朝》	格朗热作品	
Adoremus	063	《赞美歌》	帕莱斯特里纳作品	
Africaine, L’	163	《非洲女郎》	迈耶贝尔作品	
Aida	153	《阿依达》	威尔第作品	
Alard	134	阿拉尔	法国音乐家	
Albani	175	阿尔巴尼	加拿大歌唱家	
Alceste	095	《阿尔西斯特》	格鲁克作品	
Alexandrine verse	038	亚历山大诗体	诗学术语	
Alice	154	爱丽丝	迈耶贝尔作品《恶魔罗勃》中的角色	

续表

外文原文	页码	中文翻译	简要解释	非常著名
Allenor	105	《阿莱诺》	瑞士音乐家多雷作品	
Amingaud	134	阿明高	法国音乐家	
Ancien Regime	001	旧制度	法国历史时期	
Antoinette, Marie	107	玛丽·安托瓦内特	法国王后	
Arc de Triomphe	022	凯旋门	巴黎建筑	
Archives du chant	123	《歌曲档案》	德萨尔特著作	
Arènes de Béziers	040	贝济耶竞技场	法国斗牛场	
Argonauts	042	阿尔戈船英雄	希腊神话人物	
aria	075	咏叹调	音乐术语	
Aristeo	110	《阿里斯特奥》	格鲁克作品《阿波罗的节日》中的一幕	
Armide	104	《阿尔米德》	格鲁克作品	
Arnhem	067	阿纳姆	荷兰地名	
Ascanio	037	《阿斯加尼奥》	大仲马作品	
assonance	039	半谐音	诗学术语	
Athalie	138	《阿达莉》	罗西尼作品	
atonic system	064	无调性系统	音乐术语	
Au clair de la lune	062	《月光下》	法国民歌	
Auber	008	奥柏	法国音乐家	
Bacchantes	076	巴克坎忒斯	罗马神话人物	
Bach und Händel Gesselschaft	104	巴赫与亨德尔协会	德国音乐协会	
Bach, Sebastian	006	塞巴斯蒂安·巴赫	德国音乐家	y
Baillot	125	巴约	法国音乐家	
Ballet des Furies	110	《愤怒之舞》	格鲁克作品	

续表

外文原文	页码	中文翻译	简要解释	非常著名
ballet master	031	芭蕾教师	职位名	
Barabbas	080	巴拉巴	《圣经》人物	
Barbarossa, Frederick	046	腓特烈一世	神圣罗马帝国皇帝	
Barbier	026	巴尔比耶	法国歌剧脚本作家	
Barbiere di Siviglia, Il	137	《塞维利亚的理发师》	罗西尼作品	
Baroness de Caters	174	卡泰男爵夫人	英国贵族、歌唱家	
Barrès, Maurice	130	莫里斯·巴雷斯	法国记者、作家	
Bartet	140	巴尔泰	法国演员	
Battaille	159	巴塔伊	法国歌唱家	
Bavards, Les	172	《话匣子》	奥芬巴赫作品	
Bayreuth	046	拜洛伊特	德国地名	
Bazin, René	056	勒内·巴赞	法国文学家	
Beethoven	006	贝多芬	德国音乐家	y
Belle Hélène, La	173	《美丽的海伦》	奥芬巴赫作品	
Bellini	011	贝利尼	意大利音乐家	
Benoist	009	伯努瓦	法国音乐家	
Benvenuto Cellini	036	《本韦努托·切利尼》	默里斯作品	
Berlioz	005	柏辽兹	法国音乐家	y
Bernhardt, Sarah	140	萨拉·贝纳尔	法国演员	
Bert, Paul	022	保罗·贝尔	法国人名	
Berthe	154	贝尔特	迈耶贝尔作品《先知》中的角色	
Bertin	020	贝尔坦	法国音乐家	
Berton	090	贝尔东	法国音乐家	
Bertoni	108	贝尔托尼	意大利音乐家	

续表

外文原文	页码	中文翻译	简要解释	非常著名
Bertram	153	贝特拉姆	迈耶贝尔作品《恶魔罗勃》中的角色	
Bizet	024	比才	法国音乐家	y
Blancs et les Bleus, Les	162	《白与蓝》	利姆南德作品	
Bloch, Rosine	030	罗西娜·布洛克	法国歌唱家	
Blum	031	布卢姆	法国歌唱家	
Boris Godunov	048	《鲍里斯·戈杜诺夫》	穆索尔斯基作品	
Boschot	093	博绍	法国评论家	
Bossuet	123	鲍舒哀	法国主教	
Bouhy	014	布伊	比利时歌唱家	
Brancovan, Princess of	106	勃兰科温公主	法国文学家，罗马尼亚贵族后裔	
Breitkopf & Härtel	078	布莱特科普夫和黑特尔出版社	德国音乐出版社	
Brittany	162	布列塔尼	法国地名	
Brohan, Madeleine	010	马德莱娜·布罗昂	法国演员	
Bruneau	021	布鲁诺	法国音乐家	
Buckingham Palace	174	白金汉宫	英国王宫	
Bülow, Hans von	152	汉斯·冯·彪罗	德国音乐家	
Busoni	081	布索尼	意大利音乐家	
Bussine, Romain	185	罗曼·布辛	法国歌唱家	
Buzenval	186	比藏瓦尔	法国地名	
Cabel, Marie	012	玛丽·卡贝尔	比利时歌唱家	
Cádiz	077	加的斯	西班牙地名	

续表

外文原文	页码	中文翻译	简要解释	非常著名
Calzabigia	106	卡尔扎比吉	意大利文学家	
Campra	121	康普拉	法国音乐家	
Capoul	014	卡普尔	法国歌唱家	
Carmen	025	《卡门》	比才作品	
Carpentier's method, Le	003	卡尔庞捷法	钢琴教学方法	
Carré	026	卡雷	法国歌剧脚本作家	
Carvalho	026	卡尔瓦略	法国剧院经理	
Catherine	049	凯瑟琳	英国王后	
Cavaillé-Coll	066	卡瓦耶-科尔	法国管风琴建造师	
Cavalho, Marie	018	卡尔瓦略夫人	法国歌唱家	
cavatina	136	谣唱曲	音乐术语	
Ce qu'on entend sur la montagne	082	《山间所闻》	李斯特作品	
Ceres	042	刻瑞斯	罗马神话人物	
Chaliapin	048	恰利亚平	俄国歌唱家	
chalumeau	075	单簧管的低音区	音乐术语	
Champagne	002	香槟	法国地区名	
Champs-Elysées	022	香榭丽舍大街	巴黎地名	
Chanson de Fortunio, La	173	《福图尼奥之歌》	奥芬巴赫作品	
Chatiments, Les	020	《惩罚集》	雨果作品	
Cherubini	080	凯鲁比尼	意大利音乐家	
Chopin	097	肖邦	波兰音乐家	y
Christus	082	《基督》	李斯特作品	
Chronique du règne de Charles IX	160	《查理九世年表》	梅里美作品	

续表

外文原文	页码	中文翻译	简要解释	非常著名
Clarino	075	克拉里诺	古乐器名	
Clementi	173	克莱门蒂	意大利音乐家	
Cloche, La	018	《克洛什》	圣－桑作品	
Clodion	142	克洛迪翁	法国雕塑家	
Collin, Clemence	002	克莱曼斯·科林	法国人名，圣－桑的母亲	
Colonne, Orchestra	013	科洛纳乐团	法国乐团	
Colonne, édouard	130	爱德华·科洛纳	法国音乐家	
Comédie-Française	010	法兰西喜剧院	法国剧团	
Concerts populaires	131	人民音乐会	法国音乐组织	
Constantine	090	君士坦丁	阿尔及利亚地名	
Contes d'Hoffmann, Les	031	《霍夫曼的故事》	奥芬巴赫作品	
Coppélia	024	《葛蓓莉娅》	德利布作品	
Corneille	020	高乃依	法国剧作家	
Cornelia	007	科涅莉亚	古罗马人名	
Corsaire, Le	130	《海盗》	柏辽兹作品	
Costa	011	科斯塔	意大利音乐家	
Côte d'Azur	150	蓝色海岸	地中海沿岸地名	
Coupe du roi de Thulé, La	156	《图勒王之杯》	马斯内作品	
couplet	169	副部	音乐术语	
Covent Garden	175	科文特花园	英国歌剧院	
Coysevox	142	夸塞沃	法国雕塑家	
Cramer	173	克拉默	英国音乐家	
Creation	076	《创世纪》	海顿作品	

续表

外文原文	页码	中文翻译	简要解释	非常著名
Credo	080	《信经》	弥撒曲的一个部分	
cremona	068	克里莫纳提琴	古乐器名	
Creon	076	克瑞翁	希腊神话人物	
Crociato in Egitto, Il	166	《十字军战士在埃及》	迈耶贝尔作品	
Cruvelli, Marie	163	玛丽·克鲁韦利	德国歌唱家	
Cueva del Rosario	077	罗萨里奥岩洞组织	西班牙组织	
Czerny	128	车尔尼	奥地利音乐家	y
Dalila	088	达丽拉	圣桑作品《参孙与达丽拉》中的人物	
Dalmorès	088	达莫雷	法国歌唱家	
Damcke	103	达穆克	德国音乐家	
Damnation de Faust, La	003	《浮士德的劫罚》	柏辽兹作品	
Dante	082	《但丁》	李斯特作品	
Daphnis et Chloé	170	《达夫尼斯与克洛埃》	奥芬巴赫作品	
David, Félicien	024	费利西安·大卫	法国音乐家	
Déjanire	034	《代雅尼尔》	圣-桑作品	
Delacroix	140	德拉克洛瓦	法国画家	y
Delaroche, Paul	181	保罗·德拉罗什	法国画家	
Deldevez	127	德尔德维茨	法国音乐家	
Delibes	024	德利布	法国音乐家	
Delsarte	119	德萨尔特	法国音乐教师	
Déluge, Le	035	《大洪水》	圣-桑作品	
Des Grieux	143	德古耶	马斯内作品《玛依》中的角色	

续表

外文原文	页码	中文翻译	简要解释	非常著名
Diémer109	137	狄耶梅	法国音乐家	
Dieppe	181	迪耶普	法国地名	
Dinorah	161	《迪诺拉》	迈耶贝尔作品	
Domine, Salvum Fac Regem	161	《上帝保佑国王》	法国歌曲	
Don Francisco de Miton, marquis de Meritos	077	米利多斯侯爵堂·弗朗西斯科·德·弥顿	西班牙贵族	
Dom Juan ou le Festin de pierre	110	《唐·璜与石人》	格鲁克作品	
Don Juan	011	《唐·璜》	莫扎特作品	
Donizetti	033	多尼采蒂	意大利音乐家	y
Donna Anna	102	安娜	莫扎特作品《唐·璜》中的角色	
Doré, Gustave	184	古斯塔夫·多雷	法国画家（不是瑞士音乐家 Gustave Doret）	
Doret, Gustave	105	古斯塔夫·多雷	瑞士音乐家（不是法国画家 Gustave Doré）	
Dorus	135	多吕	法国音乐家	
Drouet	020	德鲁埃	法国演员，雨果的情人	
du Locle	028	杜洛克	法国剧院经理	
Duke of Connaught	175	康诺特公爵		
Dumas, Alexandre	037	大仲马	法国文学家	y
Duprez	119	迪普雷	法国歌唱家	
Duprez, Caroline	159	卡罗琳·迪普雷	法国歌唱家	
Duquesnel, Félix	119	菲利克斯·迪凯内尔	法国评论家	
Durrieu, Comte	001	杜列乌伯爵	法国人名	

续表

外文原文	页码	中文翻译	简要解释	非常著名
Echo	109	艾蔻	格鲁克作品《奥尔菲斯》中的角色	
École Niedermeyer	008	尼德迈尔学校	法国音乐学校	
Egalite, Philippe	002	腓力·平等	法国人名	
église Sainte-Marie-Madeleine, L’	071	玛德莲教堂	巴黎地名	
église Saint-Eustache, L’	091	圣厄斯塔什教堂	巴黎地名	
Elsa	154	艾尔莎	瓦格纳作品《罗恩格林》中的角色	
Empress Dowager of Russia	177	俄国皇太后		
Enfance du Christ, L’	130	《基督的童年》	柏辽兹作品	
Enfants d’Edouard	181	《爱德华的孩子们》	德拉罗什作品	
Ernst, Alfred	039	阿尔弗莱德·恩斯特	法国评论家	
Esmeralda, La	020	《埃斯梅拉达》	贝尔坦作品	
espressivo	006	有表情地	音乐术语	
Esther	138	《爱斯苔尔》	罗西尼作品	
étienne Marcel	036	《艾蒂安·马塞尔》	圣－桑作品	
Etoile du Nord, L’	150	《北方的明星》	迈耶贝尔作品	
Euryanthe	152	《欧丽安特》	卡尔·冯·韦伯作品	
Eurydice	049	尤丽迪茜	希腊神话人物	
Falcon, Madame	159	法尔孔女士	法国歌唱家	
Fantaisie	069	《幻想曲》	李斯特作品	
Fantasia and Sonata in C Minor	069	《c小调幻想曲与奏鸣曲》	莫扎特作品	
Fantasio	173	《范塔西奥》	奥芬巴赫作品	

续表

外文原文	页码	中文翻译	简要解释	非常著名
Faubourg Saint-Honoré	035	圣奥诺雷市郊路	巴黎地名	
Faure	028	富尔	法国歌唱家	
Fauré	012	福雷	法国音乐家	y
Faust	082	《浮士德》	李斯特作品	
Faust Overture	050	《浮士德序曲》	瓦格纳作品	
Feldlager in Schlesien, Ein	158	《西里西亚—军营》	迈耶贝尔作品	
Festklänge	083	《节庆的声音》	李斯特作品	
Fête d’Alexandre, La	112	《亚历山大节》	亨德尔作品	
Fétis	063	费蒂	比利时音乐家	
Feuille de peuplier, La	012	《白杨枝叶》	圣－桑作品	
Fidelio	135	《菲岱里奥》	贝多芬作品	
Fidès	096	菲戴斯	迈耶贝尔作品《先知》中的角色	
Fille du régiment, La	166	《军中女郎》	多尼采蒂作品	
flute stop	068	哨管音栓	管风琴部件	
Fontaine	120	拉封丹	法国文学家	
foot	038	音步	诗学术语	
Fragonard	142	弗拉戈纳尔	法国雕塑家	
Francs-juges, Les	132	《襟怀坦白的法官》	柏辽兹作品	
Frédéric Reiset	182	弗雷德里克·莱塞	法国艺术品收藏家	
Frederick the Great	158	腓特烈大帝	普鲁士国王	
Freischütz, Der	024	《魔弹射手》	卡尔·冯·韦伯作品	
Fresne, Marcelin de	013	马塞兰·德·弗伦	法国人名	
Friedheim	081	弗雷德海姆	俄国音乐家	

续表

外文原文	页码	中文翻译	简要解释	非常著名
Fuite en Egypt, La	130	《出埃及记》	柏辽兹作品	
fundamental note	067	基音	音乐术语	
Gade	129	加德	丹麦音乐家	
Gailhard, Pedro	030	佩德罗·加亚尔	法国剧院经理	
Gailhard, Pierre	014	皮埃尔·加亚尔	法国歌唱家	
Gallet, Louis	029	路易·加莱	法国文学家	
Galop Chromatique	005	《大加洛普舞曲》	李斯特作品	
Garcia	004	加西亚	西班牙歌唱家	
Garnier	156	加尼耶	法国建筑师	
Gayard	001	盖亚德	法国人名	
Gazza ladra, La	138	《贼鹊》	罗西尼作品	
General Damrémont	090	当勒蒙将军	法国将军	
General Delcambre	001	德尔康布尔将军	法国人名	
General German Music Association	081	德国音乐总会	德国音乐组织	
General Yusuf	179	尤素福将军	人名	
Geraldy	005	热拉尔迪	法国歌唱家	
Gigout	012	吉古	法国音乐家	
Glinka	101	格林卡	俄国音乐家	y
Gluck	014	格鲁克	德国音乐家	y
Good Friday	080	耶稣受难日	基督教纪念日	
Gounod	008	古诺	法国音乐家	
Gouvy	128	古维	法国音乐家	
Granger	037	格朗热	法国人名	
Granger	181	格朗热	法国画家	

续表

外文原文	页码	中文翻译	简要解释	非常著名
Gregorian chant	073	格里高利圣咏	基督教圣歌	
Gretchen	083	格雷琴	李斯特作品《浮士德》交响曲中的音乐形象	
Grétry	169	格雷特里	法国音乐家	
Grieg	167	格里格	挪威音乐家	y
Gros, Aimé	036	艾梅·格罗	法国剧院经理	
Guadagni	106	瓜达尼	意大利歌唱家	
guide main	005	手规	钢琴教学用具	
Guillaume Tell	133	《威廉·退尔》	罗西尼作品	
Guiraud	030	吉罗	法国音乐家	
Haarlem	067	哈勒姆	荷兰地名	
Halanzier	030	阿兰齐尔	法国剧院经理	
Halévy	012	阿莱维	法国音乐家	
Hamlet	028	《哈姆雷特》	莎士比亚作品	
Handel	077	亨德尔	德国音乐家	y
Happy Spirit	106	快乐精灵	格鲁克作品《奥尔菲斯》中的角色	
harmonic stop	067	谐音音栓	管风琴部件	
Harmonie des sphères, L’	091	《天体的和声》	雷哈作品	
Haydn	004	海顿	奥地利音乐家	y
Hebe	037	赫柏	希腊神话人物	
Hébert	185	埃贝尔	法国画家	
Heidelberg	081	海德堡	德国地名	
Hélène	027	埃莱娜	圣-桑作品《银铃》中的角色	

续表

外文原文	页码	中文翻译	简要解释	非常著名
Henry VIII	036	《亨利八世》	圣-桑作品	
Hereditary Princess of Greece	178	希腊世袭王妃		
Hernani	089	《欧那尼》	雨果作品	
Hérold	134	埃罗尔德	法国音乐家	
Hidradot	111	希德拉多	格鲁克作品《阿尔米德》中的角色	
Hippocrene	079	希波克里尼灵感泉	希腊地名	
Hippolyte Bis	138	伊波利特·比斯	法国歌剧脚本作家	
His Serene Highness the Prince of Monaco	180	摩纳哥亲王殿下		
Holy Week	078	圣周	基督教纪念日	
Hôpital Beaujon	034	博容医院	巴黎医院	
Hugo, Victor	017	维克多·雨果	法国文学家	y
Huguenots, Les	046	《胡格诺教徒》	迈耶贝尔作品	
Huss, Jean	160	扬·胡斯	波希米亚宗教改革家	
Hymne à Victor Hugo	020	《雨果赞歌》	圣-桑作品	
Ingres	055	安格尔	法国画家	y
Invalides, Les	090	荣军院	巴黎建筑	
Iphigenie	104	《伊菲姬尼》	格鲁克作品	
Iphigenie en Aulide	107	《伊菲姬尼在奥利德》	格鲁克作品	
Irato, L'	015	《愤怒》	梅于尔作品	
Javotte	032	《雅沃特》	圣-桑作品	
Jean de Leyde	160	莱顿的扬	迈耶贝尔作品《先知》中的角色	
Johannes Wolff	175	约翰内斯·伍尔夫	荷兰音乐家	

续表

外文原文	页码	中文翻译	简要解释	非常著名
Joseph	014	《约瑟夫》	梅于尔作品	
Joseph Hollman	177	约瑟夫·霍尔曼	荷兰音乐家	
Josephine	043	约瑟芬	拿破仑妻子	
Jouassain	010	茹阿桑	法国演员	
Jouvin	029	茹万	法国评论家	
Jove	021	乔夫	罗马神话人物	
Jubel-Ouvertüre	129	《欢庆序曲》	卡尔·冯·韦伯作品	
Juive, La	047	《犹太女》	阿莱维作品	
Juvenal	019	尤维纳利斯	古罗马诗人	
Kalkbrenner	005	卡尔克布伦纳	德国音乐家	
Kapellmeister	126	乐长	音乐职位	
King Edward	176	爱德华国王		
Kobold, Le	030	《地精》	加莱和吉罗的作品	
Kyrie	062	《垂怜经》	弥撒曲的一个部分	
La Tour	142	拉·图尔	法国画家	
Lablache	174	拉布拉什	意大利歌唱家	
Lady Grey	178	格雷女勋爵	英国贵族	
Lamoureux	094	拉穆勒	法国音乐家	
Lariboisière	040	拉里布瓦西埃	巴黎医院	
Lassalle	014	拉萨尔	法国歌唱家	
Lausanne	105	洛桑	瑞士地名	
Le Couppey	114	勒·库帕依	法国音乐家	
Lefébure-Wély	070	勒菲布赫－维利	法国音乐家	
legato	006	连奏	音乐术语	
Légende des siècles, La	020	《历代传奇》	雨果作品	

续表

外文原文	页码	中文翻译	简要解释	非常著名
Legende von der heiligen Elisabeth, Die	081	《圣伊丽莎白传奇》	李斯特作品	
Legros	107	勒格罗	法国歌唱家	
Leipzig	078	莱比锡	德国地名	
Leitmotiv	153	主导主题	音乐术语	
Leroy	135	勒鲁瓦	法国音乐家	
Lescot	013	莱斯科	法国人名	
Lesseps, Ferdinand de	022	斐迪南·德·雷赛布	法国外交官、实业家	
Lesueur	089	勒絮尔	法国音乐家	
Levasseur	161	勒瓦瑟	法国歌唱家	
Limnander	162	利姆南德	比利时音乐家	
Limoges	007	利摩日	法国城市名	
Lind, Jenny	158	珍妮·林德	瑞典歌唱家	
Liszt	004	李斯特	匈牙利音乐家	y
Lockroy	021	洛克鲁瓦	法国政治家	
Lohengrin	041	《罗恩格林》	瓦格纳作品	
Lorelei	144	罗蕾莱	德国传说人物	
Louveciennes	026	路维希安	法国地名	
Lucrèce	017	《柳克丽丝》	蓬萨尔作品	
Lucrèce Borgia	089	《鲁克蕾齐亚·波吉亚》	雨果作品	
Lully	116	吕利	法籍意大利裔作曲家	
Lyre et la Harpe, La	054	《七弦琴与竖琴》	雨果作品	
Macbeth	026	《麦克白》	威尔第作品	
Madame Cahier	088	卡耶尔夫人	美国歌唱家	

续表

外文原文	页码	中文翻译	简要解释	非常著名
madrigal	062	牧歌	音乐术语	
Magic Flute, The	042	《魔笛》	莫扎特作品	
Maintenon, Madame de	043	曼特农夫人	路易十四妻子	
Maleden	007	麦雷登	法国音乐家	
Malibran, Maria	096	玛利亚·马利布朗	法国歌唱家	
Malten	111	马尔滕	德国歌唱家	
Man in the Iron Mask	044	铁面人	路易十四时期的神秘人物	
Manfred	128	《曼弗雷德》	舒曼作品	
Manon	143	玛侬	马斯内作品《玛侬》中的角色	
Marcel	161	马塞尔	迈耶贝尔作品《胡格诺教徒》中的角色	
Margherita d'Anjou	166	《安茹的玛格丽特》	迈耶贝尔作品	
Marie-Magdeleine	036	《抹大拉的马利亚》	马斯内作品	
Marion de Lorme	043	《玛丽昂·德·洛尔姆》	雨果作品	
Marivaux	142	马里沃	法国文学家	
Marmontel	114	马蒙泰尔	法国音乐家	
Marseillaise, La	022	《马赛曲》	法国国歌	
Maschner	152	马施纳	德国音乐家	
Mass in D	094	《D大调庄严弥撒》	贝多芬作品	
Massé, Victor	024	维克多·马塞	法国音乐家	
Massenet	024	马斯内	法国音乐家	y
Masson, Charlotte	001	夏洛特·马松	法国人名，圣－桑的姨祖母	
Maurin	126	莫兰	法国音乐家	

续表

外文原文	页码	中文翻译	简要解释	非常著名
mazurka	097	玛祖卡	波兰民间舞蹈	
Médicis, Catherine de	159	凯瑟琳·德·美第奇	法国王太后	
Medusa	116	《美杜莎》	吕利作品	
Méhul	014	梅于尔	法国音乐家	
Meistersinger von Nürnberg, Die	041	《纽伦堡的名歌手》	瓦格纳作品	
Melchissédec	032	梅尔基塞代克	法国歌唱家	
Mélingue	037	梅兰格	法国演员	
Mélodies persanes, Les	186	《波斯旋律》	圣－桑作品	
Mémoires	090	《回忆录》	柏辽兹著作	
Memoires pour la Biographie et la Bibliographie de l'ile de Cadix	078	《自传与加的斯岛传》	德·弥顿作品	
Mendelssohn	070	门德尔松	德国音乐家	y
Mephistopheles	087	《梅菲斯托费勒斯》	李斯特作品《浮士德》交响曲的终乐章名	
Mephisto-Walzer	087	《梅菲斯托圆舞曲》	李斯特作品	
Mercure de France	107	《法兰西信使》	法国杂志	
Mérimée	160	梅里美	法国文学家	y
Messager	012	梅萨热	法国音乐家	
Messe de l'homme armé, La	062	《武装的人弥撒曲》	常用弥撒曲	
Messe du Sacre	080	《加冕弥撒》	凯鲁比尼作品	
Messiah	176	《弥赛亚》	亨德尔作品	
Meurice	019	默里斯	法国文学家	
Meyerbeer	096	迈耶贝尔	德国音乐家	

续表

外文原文	页码	中文翻译	简要解释	非常著名
Mézières	105	梅济耶尔	瑞士地名	
Michael Haydn	079	米夏埃尔·海顿	奥地利音乐家	
Michel, Louise	057	路易斯·米歇尔	法国活动家	
Minerva	017	密涅瓦	罗马神话人物	
Miolan	119	米奥兰	卡尔瓦略夫人的娘家姓	
Misanthrope	010	《厌世者》	莫里哀剧作	
Missa Papae Marcelli	062	《马塞勒斯教皇弥撒曲》	帕莱斯特里纳作品	
Missa Solemnis	080	《庄严弥撒》	李斯特作品	
Moïse	133	《摩西》	罗西尼作品	
Molière	113	莫里哀	法国文学家	y
Moline	107	莫林	法国文学家	
Mondonville	121	蒙东维尔	法国音乐家	
Monnaie	032	皇家铸币局剧院	比利时歌剧院	
Montaubon	183	蒙托邦	法国地名	
Monteverdi	063	蒙特威尔第	意大利音乐家	y
Morax	105	莫拉	瑞士文学家	
motive	004	动机	音乐术语	
Mozart	004	莫扎特	奥地利音乐家	y
Muette de Portici, La	047	《波尔蒂契的哑女》	奥柏作品	
Mun, de	052	曼恩	法国政治家	
Musset, Alfred de	096	阿尔弗雷德·德·缪塞	法国文学家	
Narcissus	109	纳西莎	格鲁克作品《奥尔菲斯》中的角色	
Naudin	163	瑙丁	意大利歌唱家	

续表

外文原文	页码	中文翻译	简要解释	非常著名
Nélusko	163	乃卢斯科	迈耶贝尔作品《非洲女郎》中的角色	
Nilsson	028	尼尔森	瑞典歌唱家	
Notre Dame de Lorette	181	罗莱特圣母院	法国地名	
Nourritt	159	努利特	法国歌唱家	
Nouvelle revue	039	《新评论》	法国杂志	
Nozze di Figaro, Le	024	《费加罗的婚礼》	莫扎特作品	
nuance	067	色调微差	音乐术语	
Nuit de Cléopatra, Une	024	《克利欧佩特拉之夜》	圣－桑作品	
Nuitter	157	尼泰	法国图书馆学家	
Obéron	024	《奥伯龙》	卡尔·冯·韦伯作品	
Odéon	167	奥德翁	法国剧院	
Œdipus à Colone	011	《俄狄浦斯去科隆》	萨基尼作品	
Offenbach	117	奥芬巴赫	法籍德裔作曲家	y
omnitonic system	063	全调性系统	音乐术语	
Opéra-Comique	014	喜歌剧院	法国歌剧院	
operetta	168	轻歌剧	音乐术语	
Orestes	029	俄瑞斯忒斯	希腊神话人物	
organ stop	066	音栓	管风琴部件	
Orphée	014	《奥尔菲斯和尤丽迪茜》	格鲁克作品	
Orphée aux enfers	172	《地狱中的奥尔菲斯》	奥芬巴赫作品	
Orpheus	049	奥尔菲斯	希腊神话人物	
Otello	015	《奥赛罗》	罗西尼作品	

续表

外文原文	页码	中文翻译	简要解释	非常著名
Ovid	042	奥维德	古罗马诗人	
Palestrina	062	帕莱斯特里纳	意大利音乐家	
Pan	066	潘	古希腊神话神灵	
Pardon de Ploërmel, Le	161	《普洛厄梅尔的宽恕》	迈耶贝尔作品	
Paride ed Elena	110	《帕里德与爱莱娜》	格鲁克作品	
Pas d'armes du roi Jean, Le	018	《约翰王的部队在行军》	圣－桑作品	
Pascal	063	帕斯卡	法国人名	
Pasdeloup	080	帕德卢	法国音乐家	
Pasteur	056	巴斯德	法国科学家	y
Patti	137	帕蒂	西班牙歌唱家	
Paul et Virginie	031	《保罗与维尔日妮》	马塞作品	
Pêcheurs de perles, Les	025	《采珠人》	比才作品	
Peer Gynt	167	《培尔·金特》	格里格作品	
Pelletan, Fanny	103	范妮·佩尔唐	法国人名	
Penelope	150	佩涅罗珀	希腊神话人物	
Périlhou	012	佩里尤	法国音乐家	
Perrin	028	佩林	法国剧院经理	
Peter the Great	158	彼得大帝	俄国沙皇	
Petite messe solennelle	139	《小庄严弥撒》	罗西尼作品	
Phèdre	138	《费德尔》	拉辛作品	
Philidor	106	菲利多尔	法国音乐家	
Place de la Concorde	155	协和广场	巴黎地名	
Place du Chatelet	162	沙特莱广场	巴黎地名	

续表

外文原文	页码	中文翻译	简要解释	非常著名
Place Favart	162	法瓦尔广场	巴黎地名	
Pompadour, Madame de	043	蓬帕杜尔夫人	路易十五情妇	
Ponsard	017	蓬萨尔	法国文学家	
Port-Royal	138	皇家港	法国地名	
Pouchet	056	波谢	法国科学家	
Preciosa	129	《普列彻欧萨》	卡尔・冯・韦伯作品	
Prince Esterhazy	074	艾斯特哈兹亲王	匈牙利贵族	
Princess Beatrice	174	比阿特丽斯公主		
Princess of Hanover	177	汉诺威王储妃		
Princesse jaune, La	029	《黄衣公主》	圣－桑作品	
Prix de Rome	026	罗马大奖	法国艺术奖项	
Prométhée	131	《普罗米修斯》	阿莱维作品	
Prometheus	042	普罗米修斯	希腊神话人物	
Prophète, Le	096	《先知》	迈耶贝尔作品	
Proserpine	037	《普罗瑟碧娜》	圣－桑作品	
Prudhomme, Sully	053	苏利・普吕多姆	法国文学家	
Puisque ici bas toute ame	018	《因为每个灵魂都在这里》	圣－桑作品	
Pylades	029	皮拉德斯	希腊神话人物	
Quai Voltaire	181	伏尔泰码头街	巴黎地名	
quatrain	038	四行诗	诗学术语	
Queen Alexandra	174	亚历山德拉王后		
Queen Amélie of Portugal	178	葡萄牙王后阿梅莉		
Queen Christina of Spain	178	西班牙王后克里斯蒂娜		

续表

外文原文	页码	中文翻译	简要解释	非常著名
Queen Elena	180	埃莱娜王后		
Queen Louise	178	路易丝王后		
Queen Margherita	179	玛格丽塔王后		
Queen of Belgium	180	比利时王后		
Queen Victoria	174	维多利亚女王		
Rachel	140	拉歇尔	法国文学家	
Racine	018	拉辛	法国剧作家	
Rameau	067	拉莫	法国音乐家	
Raoul	159	拉乌尔	迈耶贝尔作品《胡格诺教徒》中的角色	
Raphael	183	拉斐尔	意大利画家	y
Rat Catcher	024	《捕鼠人》	马斯内作品	
Reber, Henri	099	亨利·勒贝	法国音乐家	
recitative	075	宣叙调	音乐术语	
register	067	变音器	管风琴部件	
Regnault, Henri	185	亨利·勒尼奥	法国画家	
Reicha	089	雷哈	波希米亚音乐家	
Reine de Chypre, La	047	《塞浦路斯女王》	阿莱维作品	
Renaud	111	雷诺	格鲁克作品《阿尔米德》中的角色	
Requiem	089	《安魂曲》	柏辽兹作品	
Rêverie	012	《遐想》	圣－桑作品	
Révolution, La	001	大革命	法国历史时期	
Reyer	115	雷耶	法国评论家	
Richard Strauss	087	里夏德·施特劳斯	德国音乐家	y
Risler	081	里斯勒	法国音乐家	

续表

外文原文	页码	中文翻译	简要解释	非常著名
Ritt	030	里特	法国剧院经理	
Robert le Diable	046	《恶魔罗勃》	奥芬巴赫作品	
Robinson-Crusoé	173	《鲁滨逊·克鲁索》	奥芬巴赫作品	
Roger	161	罗歇	法国歌唱家	
Roi de Lahore, Le	036	《拉合尔的国王》	马斯内作品	
Roi Lear, Le	130	《李尔王》	柏辽兹作品	
Romeo	011	《罗密欧》	贝利尼作品	
Roqueplan, Nestor	157	内斯托尔·洛克普兰	法国剧院经理	
Rosalie	158	罗莎莉	迈耶贝尔作品《恶魔罗勃》中的角色	
Rossini	015	罗西尼	意大利音乐家	y
Rousseau	044	卢梭	法国思想家	y
Royal Albert Hall	069	皇家阿尔伯特音乐厅	伦敦音乐厅	
Rubinstein, Anton	013	安东·鲁宾斯坦	俄国音乐家	y
Rue Bergère	009	贝尔杰尔街	巴黎地名	
Rue de la Chaussée-d'Antin	128	安坦堤大街	巴黎地名	
Rue du Jardinet	181	小花园大街	巴黎地名	
Sabatino	038	萨巴蒂诺	圣-桑作品《普罗瑟碧娜》中的角色	
Sacchini	011	萨基尼	意大利音乐家	
Sachs, Hans	041	汉斯·萨克斯	瓦格纳作品	
Saint-Bris	159	圣-皮里斯	迈耶贝尔作品《胡格诺教徒》中的角色	
Sainte-Foy	163	圣-富瓦	法国歌唱家	

续表

外文原文	页码	中文翻译	简要解释	非常著名
Saint-Sulpice	143	圣叙尔皮斯教堂	巴黎地名	
Salla, Caroline	032	卡罗琳·萨拉	法国歌唱家	
Salle Pleyel	006	普莱耶尔音乐厅	巴黎音乐厅	
Salome	153	《莎乐美》	里夏德·施特劳斯作品	
Salomon	074	扎洛蒙	德国音乐家	
Samson	015	《参孙与达丽拉》	圣－桑作品	
Sasse, Marie	163	玛丽·萨斯	比利时歌唱家	
Sax, Adolphe	165	阿道夫·萨克斯	比利时乐器设计者	
Scheffer, Ary	097	阿里·谢弗	荷兰画家	
Schneider, Mlle.	173	施耐德小姐	法国歌唱家	
Schröder	028	施罗德	德国歌唱家	
Schubert	084	舒伯特	奥地利音乐家	y
Schumann	006	舒曼	德国音乐家	y
Scribe	148	斯克里布	法国歌剧脚本作家	
Seasons, The	076	《四季》	海顿作品	
Seghers	007	塞热	比利时音乐家	
Sélika	163	塞利卡	迈耶贝尔作品《非洲女郎》中的角色	
Semiramide	134	《赛密拉米德》	罗西尼作品	
sempre legato	115	始终连奏	音乐术语	
Seven Words of Christ on the Cross, The	073	《临终七言》	海顿作品	
Si tu veux faisons un réve	018	《如果你想做梦》	圣－桑作品	
Siège de Corinthe, Le	136	《科林斯之围》	罗西尼作品	
Siegfried	041	《齐格弗里德》	瓦格纳作品	

续表

外文原文	页码	中文翻译	简要解释	非常著名
siren	144	塞壬	希腊传说人物	
Société des concerts du Conservatoire	007	巴黎音乐院音乐会协会	法国音乐组织	
Société des jeunes artistes	131	青年艺术家协会	法国音乐组织	
Société St. Cécile	007	圣塞西尔音乐协会	法国音乐组织	
Soirée en mer	018	《海边之夜》	圣－桑作品	
Soirées musicales	139	《音乐晚会》	罗西尼作品	
Sonata in B Minor	087	《b 小调奏鸣曲》	李斯特作品	
Sorcier, Le	107	《魔法师》	菲利多尔作品	
Source, La	055	《泉》	安格尔作品	
Spa	150	斯帕	比利时地名	
spontaneous generation	056	自然发生说	科学学说	
Spridion	028	斯匹里底翁	圣－桑作品《银铃》中的角色	
Square des-Arts-et-Métiers	032	工艺和艺术广场	巴黎地名	
Stabat Mater	062	《圣母悼歌》	帕莱斯特里纳作品	
Stabat Mater	139	《圣母悼歌》	罗西尼作品	
Stamaty	005	斯塔马蒂	法国音乐家	
Stanzieri	137	斯坦济埃里	意大利音乐家	
Stella	020	《斯泰拉》	雨果作品	
Stockhausen	100	施托克豪森	德国歌唱家	
Stoltz, Madame	160	斯托尔茨夫人	法国歌唱家	
Struensée	131	《施特林泽》	迈耶贝尔作品	
Symphonie fantastique	089	《幻想交响曲》	柏辽兹作品	
Talma	140	塔尔马	法国演员	

续表

外文原文	页码	中文翻译	简要解释	非常著名
Tambelick	134	唐贝里克	意大利歌唱家	
Tancredi	135	《坦克雷迪》	罗西尼作品	
Tannhäuser	041	《汤豪瑟》	瓦格纳作品	
Tasso	082	《塔索》	李斯特作品	
tempo rubato	101	伸缩速度	音乐术语	
tercet	038	同韵三行诗	诗学术语	
Terreur, La	001	恐怖统治	法国历史时期	
Thaïs	039	《黛依丝》	马斯内作品	
Théatre du Jorat	105	若拉剧院	瑞士剧院	
Théatre-Italien	083	意大利歌剧院	法国歌剧院	
Théatre-Lyrique	014	抒情歌剧院	法国歌剧院	
Théodore, Adeline	032	阿德琳·泰奥多尔	法国舞蹈教师	
Théophile Gautier	024	泰奥菲勒·戈蒂埃	法国文学家	
Thomas, Ambroise	015	安布鲁瓦兹·托马	法国音乐家	
Thor	092	托尔	北欧神话人物	
Tilmant	007	蒂尔芒	法国音乐家	
Timbre d'argent, Le	026	《银铃》	圣－桑作品	
Tolbecque, Auguste	127	奥古斯特·托尔贝克	法国音乐家	
tonal stop	068	音色音栓	管风琴部件	
Tourguenief	098	屠格涅夫	俄国文学家	y
Traité d'harmonie	091	《和声论》	雷哈著作（费蒂也写有同名著作）	
Traité d'harmonie	171	《和声论》	费蒂著作（雷哈也写有同名著作）	
Traité d'instrumentation	011	《配器法》	柏辽兹著作	

续表

外文原文	页码	中文翻译	简要解释	非常著名
travesti	108	反串角色	戏剧术语	
Traviata, La	153	《茶花女》	威尔第作品	
Triptolemus	042	特里普托勒摩斯	罗马神话人物	
Tristan und Isolde	041	《特里斯坦与伊索尔德》	瓦格纳作品	
Trocadéro	020	特罗卡德罗	巴黎地名	
Troyens, Les	012	《特洛伊人》	柏辽兹作品	
Ugalde, Madame	172	乌加尔德夫人	法国歌唱家	
Unfinished Symphony	084	《未完成交响曲》	舒伯特作品	
Vacquerie	019	瓦克里	法国记者、作家	
Valentine	102	瓦伦丁	迈耶贝尔作品《胡格诺教徒》中的角色	
Vaucorbeil	030	沃科贝伊尔	法国剧院经理	
Venus de Milo	054	米洛的维纳斯	古希腊雕像	
Verdi	026	威尔第	意大利音乐家	y
Véronique	118	《维罗尼加》	梅萨热作品	
Vert-Vert	173	《绿绿》	奥芬巴赫作品	
Viardot, Madame	004	维阿尔多夫人	法国歌唱家	
Victoria Hall	069	维多利亚音乐厅	日内瓦音乐厅	
Vigier, Comtesse	163	维吉尔伯爵夫人	法国贵族	
Vizentini	030	维曾蒂尼	法国音乐家、剧院经理	
Voltaire	044	伏尔泰	法国思想家	y
Vox Humana	068	人声音栓	管风琴部件	
Wagner, Richard	006	里夏德·瓦格纳	德国音乐家	y
Weber, Carl von	024	卡尔·冯·韦伯	德国音乐家	

续表

外文原文	页码	中文翻译	简要解释	非常著名
Weber，Gottfried	007	戈特弗里德·韦伯	德国音乐家	
Weckerlin	130	韦克林	法国音乐家	
Weimar	081	魏玛	德国地名	
Wertheimber	028	韦尔泰姆贝尔	法国歌唱家	
Windsor Castle	174	温莎城堡	英国王室温莎王朝的家族城堡	
Wohltemperirte Klavier	006	《优律键盘曲集》	巴赫作品	
Wolfrum	087	沃尔夫鲁姆	德国音乐家	
Wotan	049	沃旦	瓦格纳作品《尼伯龙根的指环》中的角色	
Zacharie	161	扎沙里耶	迈耶贝尔作品《先知》中的角色	
Zimmerman	116	齐默曼	法国音乐家